LAUREL RANDOLPH

DAS INOFFIZIELLE KOCHBUCH ZU DEN SIMPSONS

LAUREL RANDOLPH

DAS INOFFIZIELLE KOCHBUCH ZU DEN SIMPSONS

Die verrücktesten Rezepte der berühmten Cartoon-Familie

Vorwort von Bill Oakley,
ehemaliger Showrunner von *Die Simpsons*

riva

Für Dan

»You came and you found me a turkey

on my vacation away from worky«

INHALT

Kapitel 4

ABENDESSEN

Kapitel 5

DESSERT

Kapitel 6

GETRÄNKE

DANKSAGUNG

Ganz großer Dank an meine Rezeptetesterinnen und -tester: Lillian, Sean, Jennifer, Mike, Jef, Bethany, Hannah, Meg, Laura, Vicki, Keri, Sam, Sara, Ryan, Melinda, Daphne, Jeremy, Joe und Whitney. Danke an *Eat Like Kings* für die Donut-Beratung. Danke auch an meinen Mann Dan, der mein Leben bereichert. Und auch vielen Dank an meine Agentin Danielle, meine Lektorin Eileen sowie Sylvia und alle anderen aus dem Design-Team. Danke, Bill Oakley und Julia Prescott. Ich finde euch einfach klasse!

VORWORT

Die Welt von Springfield ist natürlich mit Absicht grauenhaft. Die Stadt ist einem unauslöschlich brennenden Reifenberg ausgesetzt, verfügt über ein nachlässig geführtes Kernkraftwerk, eine im Niedergang begriffene Grundschule und Hunderte von fünftklassigen Kneipen, Krankenhäusern, Geschäften und sonderbaren Häusern (obwohl das La Maison Derrière da ziemlich heraussticht).

Trotzdem sind eine Menge Holzköpfe (ich eingeschlossen) ganz versessen darauf, in die Welt von Springfield einzutauchen – so sehr, dass nicht nur einer, sondern zwei Vergnügungsparks Attraktionen nach dem Vorbild dieser Stadt gebaut haben. Diese Orte sind allerdings teuer, und da sie zum Geldverdienen betrieben werden, ist das Essen eigentlich zu gut. Universal Studios wird wohl kaum Homers patentierte Raumzeitalter-Außerirdische-Mondwaffeln anbieten oder Nachos nach Flanders' Art, weil das Gros des sich den Bauch vollschlagenden Publikums sich dann wohl ratlos am Kopf kratzen und schnell zum nächsten Imbiss oder Restaurant flüchten würde.

Aber du, ich, wir Simpsons-Fans, wir sehnen uns nach dem Echten: Martins Rosinentaler, Finanzamtwiches, die Dryyyyyy Cracker, denen Kirk Van Houten sein Leben gewidmet hat, bevor er einfach so rausgeflogen ist.

Als ehemaliger Autor und Produzent der Simpsons (und jetzt Food-»Personality« auf Instagram) finde ich es ganz besonders aufregend, in diese Welt einzutauchen, denn um ehrlich zu sein, war Essen damals ein unglaublich wichtiger Bestandteil der Arbeit an der Serie – daher auch die vielen Witze über Essen! Als wir in den frühen Staffeln an den Skripten saßen, gab es keine Handys, mit denen wir uns von den mühsamen, nicht enden wollenden Anstrengungen ablenken konnten. Stattdessen wandten wir uns dem Essen zu, waren ewig lange und super penibel mit den Mittagessenbestellungen beschäftigt und damit, was im Raum nebenan an Snacks angeboten wurde. Wir aßen alle Schokoriegel, die wir aus Werbezwecken zugesandt bekamen, und wurden allmählich viel zu dick (nach meinem Weggang habe ich knapp 30 Kilo abgenommen!).

Regelmäßig bestellte sich einer der Autoren einen ganzen Kuchen zum Mittagessen, stellte ihn in den Kühlschrank und vertilgte im Laufe des Nachmittags langsam und genussvoll Stück für Stück. Ein anderer (war ich das?) ließ mittags immer drei Krabbencocktails kommen, aß dann nur einen und nahm die beiden anderen als Abendessen mit nach Hause. Einmal orderte ich – nur um die Grenzen des Machbaren auszuloten – Kaviar für mein Abendessen. Das sprach sich aber schnell herum, meine Güte. Wenn wir gerade nicht aßen, dann dachten wir uns neue Gerichte aus: TUBBB!, Maispunsch und jede Menge anderes Zeug.

Heute können wir viele dieser Ideen – das Essen, das in Springfield serviert wird – dank der harten (und wahnsinnigen) Arbeit der verrückten Rezeptentwicklerin Laurel Randolph probieren! Das Beste daran: Sie hat viele Sachen vom Geschmack her etwas aufgebessert und die schädlichen oder giftigen Zutaten rausgenommen, sodass nur weniges – wenn überhaupt – wirklich tödlich ist (keine Gewähr!).

In diesem Buch findest du von improvisierten Kuriositäten wie Homers Torte mit Nelken und Tom Collins über sorgfältig zubereitete Besonderheiten wie Mr. Burns' Feigenkuchen bis hin zu professionell gekochten Fiaskos wie Moes Landstreicher-Hühnchen-Chili eine faszinierende Auswahl an Gerichten aus der Serie, die du schon immer mal kosten wolltest – sofern du ein bisschen bekloppt bist. Genieß wie einige andere Spinner den Fußbodenkuchen oder einen Flaming Moe, wenn du dich traust!

Und weil in diesem Buch doch tatsächlich das Rezept für TUBBB! fehlt, füge ich es im Anschluss gleich hier ein:

TUBBB!

1 ½ kg Pflanzenfett
4 kg Puderzucker
3 EL Vanilleextrakt

Alle Zutaten in einen 4-l-Plastikeimer füllen und umrühren, bis alles gründlich vermischt ist. Mit einem richtig großen Löffel essen und dabei 9 Stunden am Stück Realityshows anschauen. Warnung: Dieses Rezept kann tödlich sein.

Ganz klar durchgeknallt
verbleibe ich
Bill Oakley
@thatbilloakley bei *Instagram*

EINLEITUNG

Mmm ... Kochbuch. Hast du schon mal dabei zugesehen, wie Homer einen Donut verschlingt, und hättest am liebsten auch selbst einen gegessen? Oder Marge beobachtet, wie sie ein Gericht nach dem anderen in ihrer farbenfrohen Küche zusammenrührt, und dir gewünscht, einen Platz an ihrem Tisch zu haben? Also los, setz dich einfach!

In dem *inoffiziellen Kochbuch zu den Simpsons* findest du 70 absolut allumfassende Rezepte aus deinem Lieblingscomic *Die Simpsons*. Jetzt kannst du die kultigen Gerichte aus der Serie gemütlich zu Hause genießen, mit oder ohne Maiskolben-Gardinen. Nebenbei bemerkt, was ist schon so toll daran, auszugehen? Du kommst ja sowieso wieder nach Hause zurück.

Wenn deine Kochkunst sich derzeit auf zwei Dinge beschränkt – vermischen und ab in die Pfanne –, dann wird es Zeit, mit Rezepten für Krusty-Burger, Squishees und großartige Geburtstags-Pommes mal etwas Schwung hineinzubringen. Vom Frühstück bis zum Nachtisch und alles dazwischen – gute, selbst gekochte Kost, perfekt frittiert (Achtung: Nicht alles ist frittiert!).

Bevor du aber mit dem Kochen loslegst, lies das Folgende durch, damit du keine Fehler machst:

- Manche Gerichte, zum Beispiel Fugu-Fisch, sind viel zu gi-ga-gefährlich für die Zubereitung zu Hause, und andere sind einfach zu krass wie die 64 Scheiben Amerikanischer Käse. Während so manche Köstlichkeit aus der Serie einfach nicht nachzumachen ist (die original Jimbo-Burger zum Beispiel), konzentriert sich dieses Buch auf leckere Abwandlungen, die in puncto Aussehen und Geschmack von den Originalen aus den Comics inspiriert sind.
- Lies ein Rezept immer ganz durch, bevor du anfängst, und prüfe, ob alle Zutaten und Gerätschaften da sind und du auch genug Zeit für die Zubereitung hast. Bei den meisten Rezepten sind Varianten für weniger Zeit und geschmackliche Veränderungen angegeben sowie Tipps für die bestmögliche Zubereitung der *Simpsons*-Rezepte.

- Wie du dir wahrscheinlich denken kannst, enthält das Buch einige Rezepte für Frittiertes (brutzel, brutzel). Nimm dazu immer einen ausreichend großen, schweren Topf und sei sehr vorsichtig.
- Für manche Rezepte sind besondere Utensilien vonnöten wie Koch- oder Frittierthermometer, Standmixer oder Eismaschine. Für die meisten Gerichte brauchst du aber nichts Besonderes – Anfänger kriegen das ebenso hin wie Meisterköche.
- Und vergiss bloß nicht, die Pfanne vor dem Braten einzufetten, sonst kannst du es echt vergessen.
- Verändere die Rezepte ruhig nach deinem Gusto, aber du experimentierst dann auf eigene Gefahr. Sämtliche Veränderungen über die angegebenen Varianten hinaus können nämlich dazu führen, dass alles in Flammen aufgeht wie eine Schale Cornflakes.

Ob du nun Homers patentierte Raumzeitalter-Außerirdische-Mondwaffeln machst und dazu am Samstagmorgen mit deiner Familie ein paar Folgen ansiehst oder deine besten Kneipenkumpel auf ein paar Weißweinschorlen vorbeikommen – *Die Simpsons* muss man einfach mit Essen in Reichweite anschauen. Wie wäre es mit einer Party, bei der jeder ein Rezept aussuchen kann? Dann zieht ihr einen Fernseh-Futter-Marathon durch, der Homer stolz machen würde.

In den unsterblichen Worten von Marge Simpson: »Manchmal schmeckt das Essen am besten, das man selbst gekocht hat.« Danke, dass du dieses Bi-Ba-Buch gekauft hast. Du wirst erstaunt sein, was du alles essen wirst …

KAPITEL 1

FRÜHSTÜCK

Beginne den Tag nie mit leerem Magen: Egal, ob du einen Sonntagmorgen faul und schändlich damit verbringst, Homers patentierte Raumzeitalter-Außerirdische-Mondwaffeln zuzubereiten, oder mit einem lila gefüllten Berliner (oder einem Dutzend davon) in den Arbeitstag startest – das Frühstück ist die wichtigste Mahlzeit des Tages. Klar, du könntest dir einfach ein Fertigmüsli in eine Schale kippen, mit Eierpunsch begießen und

fertig ist die Kiste, aber was spricht dagegen, mit Schinken und Ei »I love you« zu schreiben oder Quadratische Pfannkuchen zu genießen? Riskiere die Arterienverstopfung mit einem Guten-Morgen-Burger oder gönn dir ein Schälchen süßen und nahrhaften Haferschleimersatz von Krusty. Nimm dir unabhängig vom Rezept ein Beispiel an Homer und serviere diese Gerichte mit richtig viel Butter.

I LOVE YOU

I-LOVE-YOU-FRÜHSTÜCK

»Ralph liebt Lisa« Staffel 4M

Bereite für deinen Lieblingsmenschen ein herzhaftes Frühstück zu … selbst wenn er den Valentinstag vergessen hat. Nichts drückt Liebe besser aus als ein Teller mit Eiern und Speck.

FÜR 1 FLEISCH LIEBENDES VALENTINSSCHÄTZCHEN

6 Scheiben Bacon
2 TL Pflanzenöl
2 große Eier
Salz und schwarzer Pfeffer aus der Mühle nach Geschmack

1. Ein großes Backblech mit Alufolie auslegen und die Baconscheiben nebeneinander darauflegen. Blech in den kalten Ofen schieben und Ofen auf 200 °C Ober-/Unterhitze (Umluft: 180 °C) aufheizen. Bacon 15 Minuten backen, bis er kross ist (5 Minuten mehr oder weniger, je nach Dicke der Baconscheiben). Auf einem mit Küchenpapier ausgelegten Teller abtropfen lassen.
2. Wenn der Bacon fast fertig ist, Öl in einer mittelgroßen Pfanne auf mittlerer Stufe erhitzen. Die Eier nebeneinander in die Pfanne aufschlagen. Sie sollen sauber getrennt bleiben und die Eigelbe müssen unversehrt sein. Mit Salz und Pfeffer würzen. 3–4 Minuten braten oder bis sie die gewünschte Konsistenz erreicht haben. Falls nötig, 30–60 Sekunden einen Deckel auflegen, damit das Eiweiß fest wird.
3. Nun 4 Baconscheiben halbieren und die restlichen vierteln. Auf einem großen Teller mit Baconstücken die Worte »I love you« schreiben, dabei jeweils für das »o« eine Lücke frei lassen.
4. Die Spiegeleier in die Lücken setzen und Gericht sofort servieren.

Tipps

Du kannst den Bacon auch in einer Pfanne braten, aber für etwas mehr Bacon ist der Ofen praktischer. Den fertigen Bacon kannst du gut mit einem Pfannenwender zerteilen. Beim Frühstück für zwei doppelt so viele Eier verwenden.

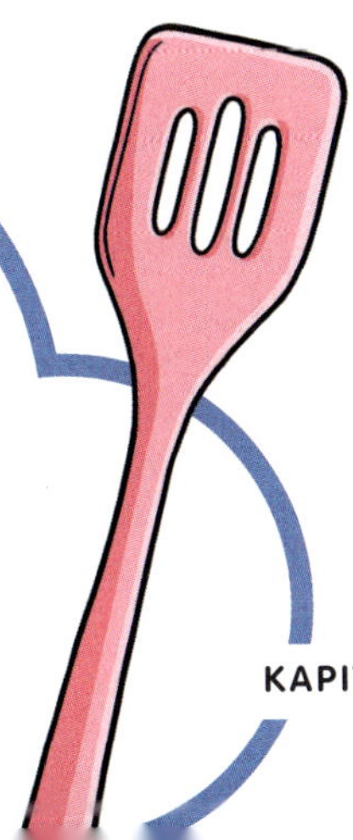

HOMERS PATENTIERTE RAUM-ZEITALTER-AUSSERIRDISCHE-MONDWAFFELN

»Ein gotteslästerliches Leben« Staffel 4

Für Homers Originalwaffeln braucht man angebrannte Karamellwürfel, flüssiges Raucharoma und festen Waffelteig, den man um ein ganzes Stück Butter wickelt. Mmm ... das macht fett. Diese buttrigen Waffeln mit Rauchkaramellsoße kannst du gut servieren und sie ruinieren auch dein Waffeleisen nicht.

FÜR 4 WAFFELN

Für die Karamellsoße

100 g Zucker
50 g gesalzene Butter
180 ml lauwarme Konditorsahne
1 TL Vanilleextrakt
3–4 Tropfen flüssiges Raucharoma

1. Zunächst die Karamellsoße zubereiten: Zucker und Butter in einen Topf geben und bei mittlerer Hitze unter Rühren schmelzen, bis die Mischung eine goldbraune Farbe angenommen hat und gerade anfängt, zu rauchen.
2. Topf sofort vom Herd nehmen und sehr langsam die warme Konditorsahne zugießen und einrühren. Vanille und Raucharoma untermischen. Einen Deckel auflegen und Topf beiseitestellen.

Tipps

Bei der Verwendung von ungesalzener Butter 1 Prise Salz zur Karamellsoße und ¼ TL Salz zum Waffelteig hinzugeben. Nimm für die Karamellsoße einen größeren Topf, als du von der Menge her brauchen würdest, sie wirft beim Kochen nämlich Blasen. Und behalte den Topf im Auge, denn ganz schnell ist etwas angebrannt. Im Kühlschrank hält sich die Soße in einem verschlossenen Behälter bis zu 1 Woche. Du kannst sie in einer hitzebeständigen Schüssel in der Mikrowelle oder auf dem heißen Wasserbad vorsichtig erwärmen und als Topping für Eis, Kuchen und andere Leckereien verwenden.

Variationen

Du kannst die Waffeln ohne Karamellsoße zubereiten und einfach Ahornsirup daraufträufeln. Gib ein paar Tropfen flüssiges Raucharoma in den Sirup für den entsprechenden Geschmack.

Für die Waffeln

380 ml Buttermilch
110 g gesalzene Butter, geschmolzen
2 große Eier
1 TL Vanilleextrakt
200 g Mehl
2 EL Maisstärke
2 EL Zucker
2 TL Backpulver
1 TL Backsoda

Sonstiges

Fett (z. B. Kochspray) zum Anbraten

3. Als Nächstes die Waffeln zubereiten: Dazu Buttermilch, geschmolzene Butter, Eier und Vanille in einer großen Schüssel mit dem Schneebesen verquirlen. Mehl, Maisstärke, Zucker, Backpulver und Backsoda hinzugeben. Alles kurz miteinander verrühren.
4. Waffeleisen gemäß Gebrauchsanweisung aufheizen und falls nötig mit Kochspray oder Öl etwas einfetten. Wenn es heiß ist, ¼ des Teigs hineingießen und den Deckel schließen. Backen, bis die Waffel braun und knusprig ist. Vorgang mit dem restlichen Teig wiederholen.
5. Die warme Karamellsoße durchrühren und über die Waffeln träufeln. Das Waffeleisen für Marge stehen lassen, damit sie es später sauber machen kann.

KRUSTYS HAFERSCHLEIMERSATZ

»Krise im Kamp Krusty« Staffel 4

Süßer, nahrhafter Haferschleim! Ja, er hat einen unappetitlichen Graustich, aber selbst gemachter Haferschleim ist tatsächlich ein leckerer Start in den Tag. Und: Er hat das Krusty-Gütesiegel.

FÜR 4 PORTIONEN

190 g brauner Reis (lang- oder kurzkörnig)
1 l Reisdrink
750 ml Wasser
¼ TL Salz
110 g frische Blaubeeren
60 g hellbrauner Zucker
1 EL frisch gemahlene Chiasamen
1 Prise geriebene Muskatnuss

Optionale Toppings:

noch mehr Blaubeeren, brauner Zucker oder Ahornsirup, Sahne oder Joghurt

1. Braunen Reis in der Küchenmaschine oder im Standmixer per Intervalltaste zerkleinern, um die Körner aufzubrechen.
2. Reis, Reisdrink, Wasser und Salz in einen großen Topf geben und zum Kochen bringen. Dann die Hitze auf niedrige Stufe reduzieren und Mischung etwa 45 Minuten köcheln lassen, dabei alle 5–10 Minuten umrühren.
3. Blaubeeren waschen und mit Zucker, Chiasamen und Muskatnuss untermischen. Alles weitere 20 Minuten köcheln lassen und dabei ab und zu umrühren und die Blaubeeren ein wenig zerdrücken. Wenn der Haferschleim zu dick wird, nach Bedarf mehr Wasser zugießen. Der Reis sollte sehr weich sein, wenn er gar ist.
4. Warm servieren.

Tipps

Die gemahlenen Chiasamen machen den Brei zwar leicht gräulich, aber auch nahrhafter. Am besten mit einer Gewürzmühle, Kaffeemühle oder mit Mörser und Stößel zermahlen.

Variationen

Funktioniert genauso mit normaler Milch oder anderen Milchalternativen. Diesen Haferschleim kannst du auch in einem Schongarer zubereiten. Reis, Reismilch, Wasser und Salz hineingeben, umrühren, auf niedriger Stufe 7–9 Stunden kochen. Restliche Zutaten zufügen, gut umrühren und weitere 30–60 Minuten garen.

KENT BROCKMANS SCHNECKEN

»Bart wird berühmt« Staffel 5

Wenn du jeden Morgen unbedingt mit einer Schnecke beginnen musst, dann sind diese schnellen und einfachen Zimt-Zucker-Teilchen genau das Richtige. Das Rezept reicht für eine größere Menge, du kannst also eine Runde durch das Studio drehen – schnapp und weg!

FÜR 18 KLEINE BLÄTTER-TEIGSCHNECKEN

6 EL Butter, Zimmertemperatur
5 EL Zucker
1 TL gemahlener Zimt
¼ TL Salz
600 g Tiefkühl-Blätterteig (2 Platten), aufgetaut

1. Den Backofen auf 200 °C Ober-/Unterhitze (Umluft: 180 °C) vorheizen. Ein großes Backblech mit Backpapier auslegen und mit 1 EL Butter bestreichen.
2. Zucker, Zimt und Salz in einer kleinen Schüssel verrühren.
3. Eine saubere Arbeitsfläche mit etwa 1 ½ TL Zuckergemisch bestreuen und 1 Blätterteigplatte darauf ausrollen.
4. Den Teig zu einem ca. 20 × 30 cm großen Rechteck ausrollen und komplett mit 2 EL Butter bestreichen. 2 EL Zuckergemisch daraufstreuen, dabei an einer kurzen Seite 1 ½ cm Rand frei lassen.
5. Den Blätterteig von der kurzen, mit Zuckergemisch versehenen Seite her fest aufrollen. Die Rolle mehrmals hin- und herwälzen, damit sie gut verschlossen ist. Rolle in 9 ca. 2 ½ cm breite Scheiben schneiden. Vorgang mit der anderen Teigplatte wiederholen.
6. Noch etwas Zuckergemisch auf die Arbeitsfläche streuen, die Schnecken daraufsetzen und mit der Hand oder der Teigrolle zu einer Dicke von ca. 1 ½ cm flach drücken.
7. Schnecken mit Abstand zueinander auf dem vorbereiteten Backblech verteilen. Mit der restlichen Butter bestreichen und mit dem restlichen Zuckergemisch bestreuen.
8. Schnecken 20 Minuten im Ofen backen, bis sie schön aufgegangen und goldbraun, aber nicht zu dunkel sind.
9. Warm oder zimmerwarm genießen. Ja, das ist 'ne Schnecke!

VERBOTENE DONUTS

»Die Fahrt zur Hölle« Staffel 5

Du isst also gern Donuts … Bereite diese einfachen Donuts zu Hause zu, damit alle davon naschen können. Du brauchst Flanders noch nicht einmal deine Seele zu verkaufen.

FÜR 15 DONUTS

Für die Donuts

200 g Mehl
1 TL Backpulver
½ TL Salz
110 g Butter, Zimmertemperatur
150 g Zucker
125 ml Pflanzenöl
4 große Eier, Eigelb und Eiweiß getrennt
1 TL Vanilleextrakt

Sonstiges

Fett (z. B. Kochspray) für die Form

1. Ofen auf 190 °C Ober-/Unterhitze (Umluft: 170 °C) vorheizen. Eine große Donut-Backform mit Antihaft-Kochspray oder Butter einfetten.
2. Mehl, Backpulver und Salz in eine große Schüssel sieben. Beiseitestellen.
3. In einer zweiten Schüssel Butter und Zucker 3 Minuten mit dem Handmixer schaumig rühren. Öl unter Rühren zugießen. Eigelb und Vanille zufügen und 2 Minuten verquirlen, bis die Masse hellgelb und cremig ist.
4. Eiweiß in eine mittelgroße Schüssel geben und aufschlagen, bis sich weiche Spitzen bilden.
5. Mehlgemisch vorsichtig und kurz mit der Buttermasse verrühren. Dann den Eischnee unterheben und darauf achten, dass so wenig Luft wie möglich daraus entweicht.
6. Einen großen verschließbaren Gefrierbeutel mit dem Teig befüllen und verschließen. Mit einer Schere eine Ecke abschneiden, sodass eine ca. 2 cm große Öffnung entsteht. Die Donut-Vertiefungen etwas mehr als halbvoll mit dem Teig befüllen.
7. Donuts 10 Minuten im Ofen backen, bis die Oberseiten ganz leicht gebräunt sind und ein Zahnstocher nach dem Einstechen in der Mitte beim Herausziehen sauber bleibt. Die Donuts 3 Minuten in der Form abkühlen lassen, dann herausnehmen und auf ein Kuchengitter setzen.

(Fortsetzung ▸)

Tipps

Mach die Donutform nicht zu voll, sonst verschwindet das typische Loch in der Mitte. Wenn du lieber Schmalzgebäck isst, nimm das Teigrezept für Berliner mit lila Füllung (siehe Seite 35), bring den Teig in Form, frittiere die Berliner, lass sie abkühlen und glasiere sie danach.

Für die Glasur

190 g Puderzucker
3 EL Butter, geschmolzen
1 EL Vollmilch plus mehr zum Verdünnen
½ TL Vanilleextrakt
rote oder rosa Lebensmittelfarbe
bunte Streusel

8. Wenn die Donuts ganz abgekühlt sind (nach ca. 1 Stunde), die Glasur zubereiten. Dazu Puderzucker, geschmolzene Butter, Milch und Vanille in eine kleine Schüssel geben und gründlich verrühren. Tropfenweise die Lebensmittelfarbe hinzugeben, bis die gewünschte Farbe erreicht ist. Falls nötig, noch etwas mehr Milch einrühren, bis die Glasur dünn genug zum Eintauchen ist, aber dick genug, sodass sie auf den Donuts haftet und nicht zu sehr verläuft.

9. Die Donuts einzeln zur Hälfte in die Glasur tauchen und beim Herausheben langsam drehen. Mit der Glasurseite nach oben wieder auf das Kuchengitter setzen und jeweils mit Streuseln verzieren. Servieren.

PFARRER LOVEJOYS STIGMUFFINS

»O mein Clown Papa« Staffel 12

Für die Stigmuffins aus Pfarrer Lovejoys Buch *In der Küche mit Jesus* könnte man sterben. Es sind klassische Bananenmuffins in einer makabren religiösen Abwandlung.

ERGIBT 12 MUFFINS

200 g Mehl
1 ½ TL Backpulver
1 TL gemahlener Zimt
½ TL Backsoda
½ TL Salz
3 große, sehr reife Bananen, geschält, zerdrückt
130 g plus 2 EL Zucker
85 ml Pflanzenöl
1 großes Ei
1 TL Vanilleextrakt

Optional

65 g gehackte Walnüsse

Sonstiges

Fett (z. B. Kochspray) für die Form

1. Den Ofen auf 180 °C Ober-/Unterhitze (Umluft: 160 °C) vorheizen. Ein 12-er Muffinblech mit Antihaft-Kochspray einfetten oder mit Cupcakeförmchen aus Papier bestücken.
2. Mehl, Backpulver, Zimt, Backsoda und Salz in einer kleinen Schüssel vermischen.
3. Bananen, 130 g Zucker, Öl, Ei und Vanille in eine zweite Schüssel geben und gründlich verrühren.
4. Die trockenen Zutaten und, falls verwendet, die Nüsse kurz und vorsichtig mit den nassen Zutaten vermischen. Alle Muffinformen zu ⅔ mit dem Teig füllen. Den restlichen Zucker darüberstreuen.
5. Muffins 20 Minuten im Ofen backen. Ein Zahnstocher sollte nach dem Einstechen in der Mitte beim Herausziehen sauber bleiben.
6. Die Muffins 5 Minuten in der Form abkühlen lassen, dann herausnehmen und auf ein Kuchengitter setzen.
7. Mit einem kleinen, langen und runden Ausstecher oder dicken Strohhalm aus jedem Muffin in der Mitte ein Loch ausstanzen.

Variationen

Anstelle der Nüsse Schokotröpfchen nehmen oder für mehr Süße und Textur eine Handvoll gehackte Datteln mit den Nüssen mischen.

EINGEMACHTES VON AGNES SKINNER

»Verbrechen lohnt sich nicht« Staffel 3

Mit dieser eingemachten Köstlichkeit hältst du lange durch, egal ob du sie verzweifelt unter Zeitungsbergen liegend direkt aus dem Glas naschst oder auf Toast und Kekse schmierst.

FÜR 480 G

450 g frische Himbeeren, Brombeeren oder Erdbeeren (oder gemischt)
65 g Zucker
2 EL Zitronensaft
1 Prise Salz
1 langer Streifen Zitronenschale mit der weißen Schicht

1. Zuerst 3 Metalllöffel ins Gefrierfach legen (nicht benötigte Löffel am Ende herausnehmen).
2. Beeren entstielen und waschen. Dann mit Zucker, Zitronensaft und Salz in einen großen Topf geben. Grob mit einem Kartoffelstampfer oder einer Gabel zerdrücken und alles gut vermischen. Die gewaschene Zitronenschale hinzugeben.
3. Auf niedriger Stufe erhitzen und umrühren, damit der Zucker sich auflöst. Dann zum Kochen bringen und 18 Minuten unter Rühren köcheln lassen, bis die Masse eindickt, dunkler wird und die Bläschen kleiner werden.
4. Einen Löffel aus dem Gefrierfach holen und eintauchen. 1 Sekunde abkühlen lassen, dann mit dem Finger auf der Löffelrückseite durch die Konfitüre fahren. Bleibt eine klare Spur, die nicht wieder zufließt, ist die Konfitüre fertig. Sonst noch ein paar Minuten weiterkochen und erneut testen.
5. Konfitüre vom Herd nehmen und die Zitronenschale entsorgen. Masse in Glas à 500 ml oder 2 Gläser à 250 ml füllen und diese verschließen.
6. Im Kühlschrank ist die Konfitüre bis zu 1 Monat (verschlossen) oder bis zu 3 Wochen (angebrochenes Glas) haltbar.

Variationen

Du kannst die Konfitüre mit kleinen Mengen weiterer Zutaten nach Belieben aromatisieren. Versuche mal etwas Vanille, Kardamom oder einen Schuss Beerenlikör (z. B. Himbeerlikör) nach dem Kochen einzurühren. Ist dir das Ganze noch nicht süß genug, kannst du bis zu 70 g Zucker mehr untermischen.

HOLZFÄLLER-FRÜHSTÜCK

»Der Wettkampf« Staffel 2

Wenn du nicht gerade ein Rennpferd bist, das einer strikten Diät folgen muss, gibt dieses proteinreiche Frühstück mit Steak und Eiern dir genug Energie für den Sieg!

FÜR 2 PORTIONEN

1 Hüftsteak à 360 g, ca. 2 ½ cm dick
grobes Salz nach Geschmack
2 TL Pflanzenöl
1 EL Butter
schwarzer Pfeffer aus der Mühle nach Geschmack
4 große Eier

Optionale Toppings

Steaksoße oder Chilisoße

1. Steak von beiden Seiten mit Salz würzen und bei Zimmertemperatur 30 Minuten ruhen lassen.
2. Eine große gusseiserne Grillpfanne auf mittlerer Stufe 5 Minuten erhitzen, dann die Temperatur etwas erhöhen. Das Steak auf beiden Seiten mit einem Küchentuch trocken tupfen.
3. Erst 1 TL Öl in die Pfanne geben, dann das Steak 4 Minuten braten, bis sich eine schöne Kruste bildet, das Fleisch dabei nicht bewegen.
4. Steak wenden und die Butter daraufgeben. Hitze auf mittlere Stufe verringern. Wenn die Butter schmilzt, die Pfanne neigen und das Steak mit der flüssigen Butter in der Pfanne beträufeln – vorsichtig, damit es nicht spritzt (heiß!). Nach 5 Minuten prüfen, wie weit das Fleisch ist: Bei medium-rare zeigt das Fleischthermometer ca. 55 °C und bei medium ca. 60 °C.
5. Steak auf einen großen Teller legen und mit Pfeffer würzen. Mit Alufolie abdecken und ruhen lassen, während die Eier gebraten werden.
6. Das restliche Öl in einer zweiten Pfanne auf mittlerer Stufe erhitzen. Die Eier vorsichtig in die Pfanne aufschlagen. Mit Salz und Pfeffer würzen. 3–4 Minuten oder bis zur gewünschten Konsistenz braten.
7. Steak quer zur Faserrichtung in Streifen schneiden und auf 2 Tellern zu den Eiern und nach Belieben mit Soße servieren. Iss dein Steak, Junge.

QUADRATISCHE PFANNKUCHEN

»Hugo, kleine Wesen und Kang«   Staffel 8

Wenn dein Waffeleisen kaputt ist, gibt es nur eine Lösung: quadratische Pfannkuchen. Diese leichten, luftigen Pfannkuchen sind so lecker – niemand (außer Lisa) wird merken, dass es keine Waffeln sind.

FÜR 4 PORTIONEN

160 g Mehl
1 EL Zucker
2 TL Backpulver
½ TL Salz
310 ml Buttermilch
2 große Eier
2 EL Pflanzenöl
etwas Butter zum Anbraten

Toppings

Butter, Sirup

1. Mehl, Zucker, Backpulver und Salz in einer Schüssel vermischen. Buttermilch, Eier und Öl hinzugeben und kurz mit dem Schneebesen unterrühren. Teig 10 Minuten stehen lassen. In dieser Zeit die Toppings bereitstellen.
2. Eine große Pfanne auf mittlerer Stufe erhitzen und etwas Butter darin schmelzen. Ca. 125 ml Teig (etwa ½ Suppenkelle) hineingeben und behutsam in eine quadratische Form bringen.
3. Pfannkuchen 3 Minuten backen, bis sich an der Oberseite Blasen bilden und der Pfannkuchen auf der Unterseite goldbraun ist. Wenden und in weiteren 2 Minuten fertigbacken.
4. Pfannkuchen auf einen großen Teller legen und die Pfanne erneut etwas einfetten. Vorgang mit dem restlichen Teig wiederholen und 6–8 Pfannkuchen backen.
5. Die Seiten der Pfannkuchen mit einem großen Messer begradigen, sodass diese ganz quadratisch sind. Mit Butter und Sirup servieren und der Familie erzählen, es seien Waffeln.

Tipps

Die abgeschnittenen Ränder dieser Waffeln zu knabbern macht Spaß – ein schöner Snack für Kinder. Einfach in Sirup tunken und genießen.

GUTEN-MORGEN-BURGER

»Liebe und Intrige« Staffel 3

In Erwartung dieser Guten-Morgen-Burger mit Bacon, Schinken, Spiegelei und cremiger Butter-Hollandaise fängt man an zu sabbern.

FÜR 2 PORTIONEN

340 g Rinderhackfleisch
grobes Salz und schwarzer Pfeffer aus der Mühle nach Geschmack
2 Eigelb
1 TL Zitronensaft
60 g Butter, geschmolzen, lauwarm
4 dicke Scheiben Bacon
2 große Eier
2 Burgerbrötchen, geröstet
2 dicke Scheiben Kochschinken, erwärmt

1. Aus dem Rinderhackfleisch 2 Burgerpattys formen, die vom Umfang mindestens 2 ½ cm größer sind als die Burgerbrötchen. Mit Salz und Pfeffer würzen und in die Mitte eine Mulde drücken, sodass die Mitte dünner ist als die Ränder. Bis zur Verwendung im Kühlschrank aufbewahren.
2. Eigelb und Zitronensaft in einer kleinen hitzebeständigen Schüssel, die auf einen kleinen Topf passt, mit dem Schneebesen verquirlen. Ca. 2 ½ cm hoch Wasser in den Topf füllen und dieses auf mittlerer Stufe zum Köcheln bringen. Die Schüssel auf den Topf setzen und das Eigemisch schaumig schlagen.
3. Die geschmolzene Butter unter Rühren langsam zugießen, bis eine cremige, dickliche Masse entsteht. Die Hitze auf niedrige Stufe reduzieren und die Soße warm halten, dabei ab und zu umrühren. Falls sie zu dick wird, einen Spritzer Wasser einrühren.
4. Bacon auf mittlerer Stufe in einer Pfanne braten, bis er schön knusprig ist, das dauert ca. 10 Minuten, dabei nach der Hälfte der Zeit einmal wenden. Aus der Pfanne nehmen (Fett in der Pfanne lassen) und auf einen mit Küchenpapier ausgelegten Teller legen. Die Temperatur erhöhen.

(Fortsetzung ▶)

5. Burgerpattys in die Pfanne geben und 5 Minuten braten, bis sie auf der Unterseite gebräunt und knusprig sind. Dann wenden und ca. 5 Minuten weiterbraten, bis sie den gewünschten Gargrad erreicht haben (Kerntemperatur mindestens 63 °C für medium bis fast gar). Pattys auf einen Teller legen. Hitze auf mittlere Stufe verringern.
6. Die Eier in die Pfanne aufschlagen, dabei darauf achten, dass sie getrennt bleiben und die Eigelbe nicht zerlaufen. Mit Salz und Pfeffer würzen. Ca. 3–4 Minuten braten, bis das Eiweiß fest, das Eigelb aber noch flüssig ist. Falls nötig, 30–60 Sekunden einen Deckel auflegen, damit das Eiweiß fest wird.
7. Je 1 Patty auf 1 Brötchenunterseite legen, Hollandaise-Soße daraufträufeln und Schinken, Bacon und Spiegelei gleichmäßig darauf verteilen. Obere Brötchenhälften auflegen. Als Guten-Morgen-Burger bezeichnen und verputzen.

BERLINER MIT LILA FÜLLUNG

»Der Ernstfall« Staffel 3

Hmm ... lila. Du kannst diese Berliner ganz ohne Reue genießen, denn sie sind mit lila Gelee gefüllt und Lila bedeutet Obst!

FÜR 15 BERLINER

250 ml lauwarme Milch
100 g Zucker
1 Päckchen Trockenhefe
1 großes Ei
3 EL Butter, geschmolzen, lauwarm
½ TL Vanilleextrakt
390 g Mehl plus mehr für die Arbeitsfläche
½ TL Salz
1 l Rapsöl plus etwas mehr zum Einfetten
250 ml Brombeergelee

1. Milch, 50 g Zucker und Hefe in einer Schüssel verrühren und zugedeckt 5 Minuten stehen lassen, bis sich Bläschen bilden.
2. Ei, geschmolzene Butter und Vanille hinzugeben und mit dem Handmixer verquirlen. Mehl und Salz zufügen und vermischen. Wenn der Teig zu klebrig zum Weiterverarbeiten ist, noch etwas Mehl einarbeiten.
3. Den Teig 6 Minuten mit dem Mixer oder auf einer leicht bemehlten Arbeitsfläche mit der Hand weiterkneten, bis ein geschmeidiger, elastischer Teig entsteht. Nach Bedarf noch etwas Mehl hinzugeben (der Teig sollte feucht sein, aber nicht an den Handflächen kleben).
4. Teig in eine große geölte Schüssel legen, abdecken und an einem warmen Ort 1 Stunde gehen lassen, bis sich sein Volumen verdoppelt hat.
5. Teig mit der Faust zusammendrücken und auf einer leicht bemehlten Arbeitsfläche mit einem Teigroller ca. 1 cm dick ausrollen. Mit einer runden Ausstechform (8 cm Durchmesser) 15 Kreise ausstechen. Den restlichen Teig entsorgen. Teiglinge mit einem Tuch abdecken und 30 Minuten gehen lassen.
6. Ein großes Backblech mit Küchenpapier auslegen. Öl in einen großen Topf mit schwerem Boden füllen (es sollte 2 ½ cm hoch darin stehen) und auf mittlerer Stufe bis auf 180 °C erhitzen.

(Fortsetzung ▶)

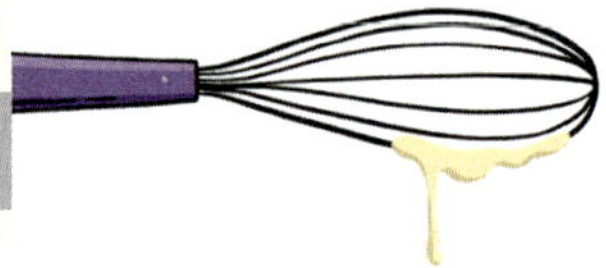

Tipps

Du kannst die Berliner auch mit dem Eingemachten von Agnes Skinner füllen (siehe Seite 27).

7. Wenn das Öl heiß ist, mit einem Schaumlöffel vorsichtig immer 5 Berliner pro Durchgang in das Öl setzen und 2 Minuten auf einer Seite frittieren, bis sie eine schöne goldbraune Farbe haben. Wenden und erneut ca. 1 Minute frittieren, bis auch die andere Seite schön gebräunt ist. Herausheben und zum Abtropfen auf das vorbereitete Backblech legen.
8. Die restlichen Teigstücke ebenfalls frittieren und abtropfen lassen. Die noch warmen Berliner von beiden Seiten mit den verbliebenen 50 g Zucker bestreuen und ca. 15 Minuten abkühlen lassen.
9. Das Gelee in einen Spritzbeutel mit Stern- oder Lochtülle oder einen Gefrierbeutel mit abgeschnittener Ecke füllen. Jeden Berliner mit einem Grillspieß oder einem Essstäbchen seitlich bis zur Hälfte einstechen, dann so viel Gelee hineindrücken, bis es herausläuft. Berliner sofort servieren.

KAPITEL 2

MITTAGESSEN

Hör auf, tonnenweise Reste zu essen, und mach dir ein Mittagessen, von dem du keine blauen Lippen kriegst. Klar kannst du verzehren, was eine Küchenfee für dich zusammengemanscht hat, oder irgendein Diätsandwich in die Mikrowelle schieben, aber das selbst gemachte Club-Sandwich von Maude und die Kartoffelbällchen wie aus der Cafeteria aus diesem Kapitel lohnen wirklich die Mühe. Oder mach deine ganz eigenen Krusty-Burger und gib sie als gedämpfte Huscheln aus. Eine Warnung dazu: Einsamkeit und Cheeseburger sind eine gefährliche Mischung. Es gibt in diesem Kapitel sogar ein paar vegetarische Optionen (zum Beispiel Lisas Gazpacho), falls du kein Rind essen willst, Mann.

KRUSTY-BURGER

»22 Kurzfilme über Springfield« Staffel 7

Beeindrucke deine Gäste bei deinem nächsten Mittagessen mit diesen köstlichen gedämpften Huscheln (in Albany ist diese Bezeichnung gebräuchlich). Obwohl sie auch gegrillt sind, stammen diese Hamburger auf jeden Fall **nicht** von Krusty Burger.

FÜR 6 PORTIONEN

900 g Rinderhackfleisch
2 Knoblauchzehen, geschält, gehackt
1 ½ TL grobes Salz
¾ TL schwarzer Pfeffer aus der Mühle
optional: ½ TL Zwiebelpulver
125 ml Mayonnaise
2 EL Ketchup
1 EL klein gewürfelte eingelegte Gurken, Zwiebeln oder Paprika, süß oder mit Dill
2 TL Einlegeflüssigkeit
2 TL Senf
etwas Öl zum Anbraten

Optional

6 Scheiben Käse
6 Hamburgerbrötchen
optionale Toppings: fein geschnittener Salat, 12 Dillgürkchen, in Scheiben geschnitten

1. Hackfleisch, Knoblauch, Salz, Pfeffer und Zwiebelpulver (falls verwendet) in eine große Schüssel geben und mit den Händen gründlich vermengen.
2. Aus dem Fleischteig 6 Burgerpattys formen, die vom Umfang her mindestens 2 ½ cm größer sind als die Brötchen. In die Mitte jeweils eine Mulde drücken, sodass die Mitte etwas dünner ist als die Ränder. Die Pattys bis zur Verwendung auf einem großen Teller ohne Deckel in den Kühlschrank stellen.
3. Einen Grill auf 230 °C vorheizen.
4. In einer kleinen Schüssel Mayonnaise, Ketchup, das eingelegte Gemüse, die Einlegeflüssigkeit sowie den Senf verrühren. Abgedeckt bis zur Verwendung in den Kühlschrank stellen.
5. Wenn der Grill heiß ist, den Rost leicht einölen. Burgerpattys aus dem Kühlschrank holen und auf den Grill legen. Ca. 3 Minuten grillen, bis sie auf einer Seite braun sind und ein Grillmuster sichtbar ist.
6. Die Pattys wenden und weiter ca. 5 Minuten grillen, bis der gewünschte Gargrad erreicht ist (für medium bis durch sollte die Kerntemperatur mindestens 63 °C betragen). Für Cheeseburger in der letzten Minute auf jeden Patty 1 Scheibe Käse legen.
7. Die Pattys 2 Minuten auf großen Tellern ruhen lassen. Die Brötchen aufschneiden und nach Belieben kurz rösten.
8. Beide Brötchenhälften mit Soße bestreichen. Mit Pattys und den Toppings belegen. Auf einem Silbertablett servieren.

Tipps

Die Soße hält sich im Kühlschrank mindestens 1 Woche.
Zu diesen Burgern Großartige Geburtstags-Pommes servieren (siehe Seite 62).

FINANZAMTWICHES

»Bart ist an allem schuld« Staffel 7

Solltest du nicht in der Stimmung für Steuerburger sein, dann nimm ein Finanzamtwich. Wenn du dir zu Hause dein eigenes Sandwich mit gegrilltem Hähnchen machst, musst du nicht 6–8 Wochen auf das Ergebnis warten oder deine Spielverluste abziehen. Den Salat kannst du weglassen ...

FÜR 4 PORTIONEN

500 ml Wasser
2 EL grobes Salz
4 Hähnchenbrustfilets à 120 g, ohne Knochen und Haut
4 mittelgroße Knoblauchzehen, geschält, zerdrückt
1 EL Pflanzenöl plus mehr zum Grillen
schwarzer Pfeffer aus der Mühle nach Geschmack
4 Hamburgerbrötchen

Optionale Toppings

Salat, Tomatenscheiben, Zwiebelringe, Mayonnaise

1. Wasser und Salz in eine kleine Auflauf- oder Kastenform geben und umrühren, bis das Salz sich aufgelöst hat. Hähnchenbrustfilets und Knoblauch hineinlegen, das Fleisch sollte mit Lake bedeckt sein. 45–60 Minuten in den Kühlschrank stellen.
2. Danach Fleisch aus der Form heben und abtropfen lassen. Mit Küchenpapier trocken tupfen. Von allen Seiten mit Öl bestreichen und mit Pfeffer würzen.
3. Einen Grill auf 190 °C vorheizen und den Rost leicht einölen.
4. Vorbereitete Hähnchenbrustfilets auf den heißen Grill legen. Ca. 3 Minuten grillen, bis sich ein Grillmuster auf dem Fleisch abzeichnet und die Ränder nicht mehr glasig sind. Fleisch wenden und Deckel auflegen oder mit Alufolie abdecken. Noch 4 Minuten grillen, bis das Fleisch durchgegart ist und seine Kerntemperatur 74 °C beträgt.
5. Fleisch vom Grill nehmen und auf einem großen Teller ruhen lassen. Währenddessen die Brötchen aufschneiden und rösten und die Toppings vorbereiten. Sandwiches zubereiten und mit einer ausreichenden Menge Mineralwasser servieren.

Tipps

Versuche, dünne Hähnchenbrustfilets zu bekommen, die gut 1 cm dick sind. Dickere kannst du mit einem scharfen Messer waagerecht durchschneiden und so aus 2 dicken 4 dünne Stücke machen, die ideal für Sandwiches sind.

LISAS GAZPACHO

»Lisa als Vegetarierin« Staffel 7

Gazpacho ist Tomatensuppe, die eiskalt serviert wird! Ein paar Barbecuegäste werden vielleicht meckern, aber an einem heißen Tag ist sie erfrischend und lecker. Mit ihrer besonderen Textur und dem ausgewogenen Geschmack kann sie sicher auch ein paar Fleischfans für sich einnehmen.

FÜR 6 PORTIONEN

900 g reife Tomaten einer alten Sorte, gewaschen, entkernt, klein geschnitten
1 große rote Paprikaschote, gewaschen, geputzt, klein geschnitten
1 große Salatgurke, geschält, entkernt, klein geschnitten
1 kleines Bund Frühlingszwiebeln, gewaschen, geputzt, in Ringe geschnitten, weiße und grüne Bereiche getrennt
1 mittelgroße Knoblauchzehe, geschält, gehackt
1 TL Rotweinessig
Salz und schwarzer Pfeffer aus der Mühle nach Geschmack
125 ml plus 1 EL Olivenöl nativ extra
10 g frische Basilikumblätter, gewaschen, fein gehackt
1 kleine Jalapeño, gewaschen, entkernt, sehr fein gehackt
abgeriebene Schale von 1 mittelgroßen Bio-Zitrone

1. Tomaten, Paprika, Gurke, weiße Teile der Frühlingszwiebeln, Knoblauch, Essig und je eine Prise Salz und Pfeffer in einen Standmixer geben. Falls nötig in mehreren Portionen.
2. Gemüse zu einer glatten Masse pürieren.
3. Den Mixer auf niedrige Stufe stellen und 125 ml Öl einlaufen lassen. Püree durch ein feinmaschiges Sieb in eine Schüssel gießen und mit einem Holzlöffel oder Gummispatel durchdrücken; den Rückstand im Sieb entsorgen. Suppe im Kühlschrank mindestens 1 Stunde kühlen lassen.
4. Grüne Frühlingszwiebeln, Basilikum, Jalapeño und Zitronenschale in eine kleine Schüssel geben und mit Salz und Pfeffer würzen. Das restliche Öl untermischen.
5. Die Suppe eiskalt in kleine Schalen oder gekühlte Tassen füllen und das Basilikumgemisch darauf verteilen.

AFFENPFOTEN-TRUTHAHN-SANDWICHES

»Albträume« Staffel 3

In diesem Sandwich steckt kein Zombietruthahn, es wird dich auch nicht in einen Truthahn verwandeln und birgt auch sonst keine gruseligen Überraschungen. Es ist noch nicht einmal trocken!

FÜR 4 PORTIONEN

- 1 Putenbrust à ca. 1400 g, mit Haut und Knochen
- 1 EL grobes Salz
- 1 leicht gehäufter TL hellbrauner Zucker
- 1 TL edelsüßes oder geräuchertes Paprikapulver
- ½ TL schwarzer Pfeffer aus der Mühle
- ¼ TL Knoblauchpulver
- 8 Scheiben Roggenbrot, leicht geröstet

Toppings

- scharfer Senf (nach Geschmack)
- 4 große Salatblätter
- 4–8 Tomatenscheiben

1. Putenbrust mit Küchenpapier trocken tupfen. Salz, Zucker, Paprikapulver, Pfeffer und Knoblauchpulver in einer kleinen Schüssel vermischen und die Putenbrust damit von allen Seiten und unter der Haut einreiben. Fleisch in Frischhaltefolie wickeln und im Kühlschrank ca. 12 Stunden marinieren.
2. Fleisch 30 Minuten vor dem Braten aus dem Kühlschrank nehmen. Backofen auf 200 °C Ober-/Unterhitze (Umluft: 180 °C) vorheizen.
3. Fleisch mit Küchenpapier trocken tupfen, in einen kleinen, mit Alufolie ausgelegten Bräter oder eine ofenfeste Pfanne legen und in den Ofen stellen. Temperatur auf 160 °C (140 °C) verringern.
4. Nach 1 Stunde das erste Mal die Kerntemperatur kontrollieren. Sobald das Thermometer an der dicksten Stelle 72 °C anzeigt, Braten aus dem Ofen nehmen.
5. Fleisch locker mit Folie bedecken und vor dem Aufschneiden mindestens 30 Minuten ruhen lassen.
6. Haut entfernen und Fleisch vom Knochen lösen. Brustfleisch in dünne Scheiben schneiden.
7. 4 Scheiben Roggenbrot mit Senf bestreichen. Mit Salat, Tomate und Braten belegen, dann die restlichen Brotscheiben daraufsetzen. Zufrieden sein, dass das Vorhaben gelungen ist und es keine schrägen Überraschungen gegeben hat.

Tipps

Wenn du eine kleinere oder entbeinte Putenbrust gekauft hast, muss sie nicht so lange in den Backofen. Am besten kontrollierst du schon nach 45 Minuten den Gargrad.

KARTOFFELBÄLLCHEN WIE AUS DER CAFETERIA

»Der Heiratskandidat« Staffel 2

Für die besten Kartoffelbällchen der Welt nimmst du die Sache am besten selbst in die Hand. Sogar Rektor Skinner wird dem Essen aus der Cafeteria abschwören, wenn er diese Variante probiert hat.

FÜR 6 PORTIONEN

900 g mehligkochende Kartoffeln, geschält, in 5 cm dicke Scheiben geschnitten
½ Zwiebel, geschält, gerieben
1 EL Maisstärke
1 TL grobes Salz
1 TL Knoblauchpulver
½ TL schwarzer Pfeffer aus der Mühle
etwas Mehl
1 ¼ l Rapsöl

1. In einem großen Topf ausreichend Wasser zum Kochen bringen. Die Kartoffeln darin ca. 15 Minuten garen, bis ein scharfes Messer sich mit etwas Widerstand bis zur Mitte einstechen lässt.
2. Kartoffeln in ein Sieb abgießen und 5 Minuten abkühlen lassen. Währenddessen mit den Händen die Flüssigkeit aus den geriebenen Zwiebeln pressen und Zwiebel in eine große Schüssel geben.
3. Die Kartoffeln mit einer Vierkantreibe oder der Küchenmaschine (Reibeaufsatz) reiben und zu den Zwiebeln in die Schüssel geben.
4. Maisstärke, Salz, Knoblauchpulver und Pfeffer hinzufügen. Mit den Händen alles gut zu einem Teig vermengen.
5. Öl in eine große, tiefe Pfanne mit schwerem Boden gießen und auf 180 °C erhitzen.
6. Währenddessen ca. ¼ der Kartoffelmasse auf eine bemehlte Arbeitsfläche geben und zu einer ca. 2 ½ cm dicken Rolle formen. Etwa 4 cm lange Stücke abtrennen und mit den Händen an den Enden etwas glätten. Mit dem restlichen Teig ebenso verfahren.
7. Kartoffelstücke in 4 Portionen im Öl frittieren, bis sie goldbraun und knusprig sind, das dauert jeweils etwa 5 Minuten. Dabei ein- oder zweimal umrühren, damit sie nicht am Boden ansetzen.
8. Mit einem Schaum- oder Frittierlöffel die fertigen Kartoffelbällchen aus dem Öl heben. Auf einem Ofengitter oder einem großen, mit Küchenpapier ausgelegten Teller abtropfen und 5 Minuten abkühlen lassen, erst dann losfuttern. Auf einem Cafeteria-Tablett servieren.

Tipps

Frittierte, abgekühlte Kartoffelbällchen kann man gut einfrieren. Auf eine große, mit Backpapier ausgelegte Platte legen und 1 Stunde ins Gefrierfach stellen, dann in einen verschließbaren Gefrierbeutel umfüllen. Halten sich bis zu 1 Monat. Zum Erwärmen die gefrorenen Stücke auf ein großes Backblech legen und im auf 200 °C Ober-/Unterhitze (Umluft: 180 °C) vorgeheizten Ofen 10–15 Minuten backen.

MOES LANDSTREICHER-HÜHNCHEN-CHILI

»Bart verkauft seine Seele« Staffel 7

Den morastfressenden Saugaal lässt du aus, probier dafür Moes Landstreicher-Hühnchen-Chili. Dieses Rezept verwendet den besten Teil, die Oberkeule, und ein geheimes Landstreichergewürz kommt auch hinein. *Très bon!*

FÜR 4 PORTIONEN

1 EL Olivenöl nativ extra
1 kleine Zwiebel, geschält, gewürfelt
1 mittelgroße Paprikaschote, gewaschen, geputzt, gewürfelt
1 kleine Jalapeño, gewaschen, entkernt, gewürfelt
2 mittelgroße Knoblauchzehen, geschält, sehr fein gehackt
450 g Hähnchenoberkeulen, ohne Haut und Knochen
1 TL Chilipulver
1 TL gemahlener Kreuzkümmel
1 TL getrockneter Oregano
1 Prise Cayennepfeffer
1 Lorbeerblatt
500 ml Hühnerbrühe
210 ml Salsa verde aus der Dose
900 g weiße Bohnen oder Pintobohnen aus der Dose, abgespült, abgetropft
Salz und schwarzer Pfeffer aus der Mühle nach Geschmack

Optionale Toppings

Sour Cream, gewürfelte Avocado, frisches Koriandergrün, Limettenspalten

1. Einen großen Topf mit schwerem Boden auf mittlerer Stufe erhitzen. Öl und dann die Zwiebel hineingeben und 3 Minuten anbraten, dabei hin und wieder umrühren. Paprikaschote, Jalapeño und Knoblauch hinzugeben und weitere 3 Minuten braten, bis die Zwiebel größtenteils glasig ist.
2. Hähnchen, Chilipulver, Kreuzkümmel, Oregano und Cayennepfeffer hinzugeben. Umrühren und ca. 1 Minute braten, bis die Gewürze zu duften beginnen. Lorbeerblatt, Hühnerbrühe und Salsa verde untermischen.
3. Mischung zum Köcheln bringen und Fleisch 30 Minuten garen, bis es eine Kerntemperatur von mindestens 74 °C erreicht hat. Fleisch auf einen Teller legen. Lorbeerblatt entsorgen.
4. Bohnen in das Chili geben. Fleisch zerzupfen und untermischen. Nochmals 10 Minuten köcheln lassen.
5. Vor dem Servieren Chili mit Salz und Pfeffer abschmecken und mit Toppings garnieren.

JIMBO-BURGER

»Furcht und Grauen ohne Ende« Staffel 6

Für dieses Rezept haben keine Jungs namens Jimbo Schaden genommen, aber diese Sandwiches schmecken trotzdem jung und unverschämt lecker. Du solltest nicht zu viel davon verdrücken, sonst wirst du am Ende noch fett, schwabbelig ... und zum Nachsitzen verdonnert.

FÜR 6 PORTIONEN

450 g Rinderhackfleisch
1 kleine Zwiebel, geschält, gewürfelt
½ mittelgroße Paprikaschote, gewaschen, geputzt, fein gewürfelt
2 mittelgroße Knoblauchzehen, geschält, sehr fein gehackt
250 ml Tomatensoße aus der Dose
125 ml Ketchup
60 ml Wasser
1 EL Worcestershiresoße
2 TL gelber amerikanischer Senf
1 leicht gehäufter TL hell- oder dunkelbrauner Zucker
Salz und schwarzer Pfeffer aus der Mühle nach Geschmack

Optional

Chilisoße nach Geschmack
6 Hamburgerbrötchen

1. Eine große Pfanne auf mittlerer Stufe erhitzen. Das Hackfleisch hineingeben und ca. 5 Minuten anbraten, bis es schön gebräunt ist, dabei die Brocken mit einer Gabel zerkleinern. Mit einem Schaumlöffel das Fleisch auf einen großen, mit Küchenpapier ausgelegten Teller heben und den Großteil des Fetts aus der Pfanne abgießen.
2. Pfanne wieder auf den Herd stellen. Zwiebel und Paprikaschote darin 3 Minuten braten, bis die Zwiebel glasig ist. Knoblauch zugeben und 1 Minute mitbraten.
3. Gebratenes Hackfleisch, Tomatensoße, Ketchup, Wasser, Worcestershiresoße, Senf und Zucker in die Pfanne geben, umrühren und zum Köcheln bringen. Die Hitze auf niedrige Stufe stellen und alles 10 Minuten köcheln lassen.
4. Salz, schwarzen Pfeffer und (falls verwendet) Chilisoße einrühren. Die Brötchen halbieren und rösten, falls gewünscht.
5. Hackfleischmischung auf die Brötchen geben und servieren. Das schmeckt, oder?

Variationen

Dieses Rezept kannst du auch mit Schweine- oder Putenhackfleisch zubereiten oder aber mit gekochten grünen oder braunen Linsen anstelle des Hackfleischs.

BRATFISCH-SANDWICHES

»Der behinderte Homer« Staffel 7

Willst du ein paar Kilos zulegen, damit du das Homeoffice nicht mehr verlassen musst? Dieses Sandwich ist dein Weg zu mehr Gewicht! Knusprig und mit selbst gemachter Tartarsoße gekrönt … es ist jede Kalorie wert.

FÜR 4 PORTIONEN

- 125 ml Mayonnaise
- 2 EL klein gewürfelte eingelegte Gurken, Zwiebeln oder Paprika, süß oder mit Dill
- 1 EL fein gehackte rote Zwiebel
- 2 TL frisch gehackte Petersilie
- 1 TL frisch gepresster Zitronensaft
- Salz und schwarzer Pfeffer aus der Mühle nach Geschmack
- 70 g Mehl
- 1 TL edelsüßes oder geräuchertes Paprikapulver
- ¼ TL Cayennepfeffer
- 2 große Eier, verquirlt
- 1 EL Wasser
- 160 g Panko-Paniermehl
- 300 g Fischfilet, in 4 Stücke geschnitten
- 500 ml Rapsöl
- 4 Kartoffel- oder Briochebrötchen

Toppings

4 mittelgroße Salatblätter, 4 Tomatenscheiben

1. Für die Tartarsoße Mayonnaise, eingelegtes Gemüse, Zwiebel, Petersilie und Zitronensaft in einer Schüssel vermischen. Mit Salz und schwarzem Pfeffer abschmecken. Bis zur Verwendung abgedeckt kalt stellen.
2. Mehl, Paprikapulver und Cayennepfeffer in eine kleine Schüssel geben und mit Salz und Pfeffer würzen. Eier und Wasser in einer weiteren kleinen Schüssel verquirlen. Panko-Paniermehl in eine dritte Schüssel füllen und mit Salz und Pfeffer würzen.
3. Die Fischfilets einzeln panieren. Dazu jedes Stück erst in Mehl wenden und überschüssiges Mehl abschütteln. Dann in das Ei tauchen und abtropfen lassen und zum Schluss gründlich im Panko-Paniermehl wenden.
4. Öl in einer großen Pfanne mit schwerem Boden auf mittlerer Stufe erhitzen. Wenn es heiß ist, einen Krümel Panade hineingeben – wenn er sofort zu brutzeln beginnt, aber nicht aufpoppt oder anbrennt, ist das Öl bereit. Brennt die Panade an, Hitze reduzieren und Öl etwas abkühlen lassen, dann erneut testen.
5. Von 2 Filets überschüssige Panade leicht abschütteln, dann die Filets 3 Minuten pro Seite frittieren, bis sie schön gebräunt, knusprig und gar sind. Auf einem großen, mit Küchenpapier ausgelegten Teller abtropfen lassen und Vorgang mit den restlichen Filets wiederholen.
6. Die Brötchen aufschneiden und Tartarsoße auf den Ober- und Unterseiten verstreichen. Je 1 frittiertes Fischfilet auf den Unterseiten platzieren, Salat und Tomate daraufgeben und Oberseiten auflegen.

Tipps

Du kannst jeden Fisch mit festem, weißem Fleisch nehmen, zum Beispiel Flunder, Kabeljau, Heilbutt oder Seelachs. Die selbst gemachte Tartarsoße lässt sich im Voraus zubereiten; der Rest hält sich bis zu 3 Tage im Kühlschrank.

ISOTOPE-SUPREME-HOTDOGS

»Der hungrige, hungrige Homer« Staffel 12

Wenn es Zeit wird, den Hungerstreik abzubrechen, dann tu das mit einem Hotdog mit herrlich aromatischen Zutaten aus dem Südwesten der USA.

FÜR 6 PORTIONEN

- 1 kleine reife Mango, geschält, entkernt, fein gewürfelt
- 1 gehäufter EL fein gehackte rote Zwiebel
- optional: 1 EL frisch gehacktes Koriandergrün
- Saft von ½ kleinen Limette
- Salz und schwarzer Pfeffer aus der Mühle nach Geschmack
- 2 kleine Jalapeños, gewaschen, entkernt, fein gewürfelt
- 1 mittelgroße Knoblauchzehe, geschält, sehr fein gehackt
- 2 TL weißer Essig oder Apfelessig
- 1 EL Butter
- 1 große Gemüsezwiebel, geschält, gewürfelt
- 60 ml Rinderbrühe, Pils oder Wasser
- 2 TL Grillgewürz Mesquite
- 6 Hotdog-Würstchen
- 6 Hotdog-Brötchen

1. Mango, rote Zwiebel, Koriandergrün (falls verwendet) und Limettensaft in einer Schüssel vermengen. Mit Salz und schwarzem Pfeffer würzen. Abdecken und bis zur Verwendung kalt stellen.
2. Jalapeños, Knoblauch und Essig in eine zweite Schüssel geben und vermischen. Salzen, abdecken und ebenfalls kalt stellen. Wenn die Würstchen gegrillt werden sollen, den Grill vorheizen.
3. Butter in einer großen gusseisernen Pfanne schmelzen. Die Gemüsezwiebel zugeben und 7 Minuten unter gelegentlichem Umrühren braten, bis sie glasig ist. Brühe und Mesquite-Gewürz einrühren. Hitze auf niedrige Stufe reduzieren und Zwiebel 20 Minuten köcheln lassen, bis sie weich und die meiste Flüssigkeit verdampft ist.
4. Die Würstchen grillen oder braten, bis sie rundum schön gebräunt sind. Brötchen aufschneiden und rösten, falls gewünscht.
5. In jedes Brötchen 1 Würstchen legen und mit Gemüsezwiebel, Mangorelish und Jalapeñosalsa belegen. Wahrheit hat noch nie so gut geschmeckt.

Tipps

Das Topping kannst du 1 Tag im Voraus zubereiten und abgedeckt im Kühlschrank aufbewahren.

MAUDES CLUB-SANDWICH

»Der Wettkampf« Staffel 2

Club-Sandwiches, in niedliche Dreiecke geschnitten, sind ein netter Snack für hungrige Jungs, besonders mit einem Humpen Bier dazu. Dieses Rezept lässt sich leicht verdoppeln oder verdreifachen, wenn du eine Party veranstaltest (oder einen hungrigen Homer eingeladen hast).

FÜR 1 SANDWICH (4 DREIECKE)

4 große Scheiben Bacon
3 große Scheiben Sandwichbrot, ohne Rinde
3 EL Mayonnaise
2 große Salatblätter, gewaschen
2 dicke Scheiben Putenbraten
2 Scheiben Strauchtomaten
2 dicke Scheiben feiner Schinken

1. Bacon in eine große Pfanne geben und bei mittlerer Hitze in ca. 10 Minuten kross braten, dabei nach der Hälfte der Zeit einmal wenden. Zum Abtropfen auf einen großen, mit Küchenpapier ausgelegten Teller legen.
2. Das Brot von einer Seite rösten. Die gerösteten Seiten mit Mayonnaise bestreichen.
3. Auf die eingestrichene Seite einer Brotscheibe 1 Salatblatt, den Putenbraten und den Bacon legen. Auf die Mayonnaisen-Seite einer zweiten Brotscheibe den restlichen Salat, die Tomate und den Schinken geben und auf die erste belegte Scheibe setzen. Die letzte Brotscheibe mit der Mayonnaisen-Seite nach unten auflegen.
4. Sandwich in 4 Dreiecke schneiden und mit extralangen schicken Zahnstochern feststecken und servieren.

Tipps

Das Club-Sandwich mit Avocado-Mayonnaise zubereiten: dazu ½ reife Avocado in eine Schüssel geben und zu einer cremigen Masse zerdrücken. 1 gehäuften EL Mayonnaise, 1 Spritzer frisch gepressten Zitronensaft und etwas Salz und Pfeffer unterrühren. Avocadomayonnaise statt der puren Mayonnaise auf das Sandwich streichen.

ZIEMLICH AUFREGENDE SELLERIESUPPE

»Die Springfield Connection« Staffel 6

Diese cremige Selleriesuppe ist viel, viel leckerer, als sie klingt. Du wirst vor Begeisterung in die Luft springen und »Marge!« kreischen.

FÜR 4 PORTIONEN

- 60 g Butter
- 1 mittelgroßer Staudensellerie, gewaschen, geputzt, klein geschnitten
- 1 mittelgroße Zwiebel, geschält, gewürfelt
- 450 g weiße oder gelbe Kartoffeln, geschält, in größere Würfel geschnitten
- 2 mittelgroße Knoblauchzehen, geschält, sehr fein gehackt
- Salz und schwarzer Pfeffer aus der Mühle nach Geschmack
- 870 ml Hühnerbrühe oder Gemüsebrühe
- 1 gute Handvoll frisch gehackte Petersilie
- 60 g Sour Cream oder griechischer Joghurt

1. Butter in einen großen Topf geben und bei mittlerer Hitze schmelzen. Dann Sellerie und Zwiebel hineingeben und ca. 7 Minuten unter Umrühren anbraten, bis die Zwiebel glasig ist. Kartoffeln und Knoblauch dazugeben und umrühren. Mit Salz und Pfeffer würzen.
2. Brühe angießen und zum Kochen bringen. Die Hitze verringern und Suppe ca. 20 Minuten köcheln lassen, bis die Kartoffeln und der Sellerie sehr weich sind. Topf vom Herd nehmen.
3. Nun die Petersilie (2 TL für die Garnitur beiseitelegen) und die Sour Cream hinzugeben und umrühren. Suppe mit einem Pürierstab oder in einem Mixer (eventuell in mehreren Portionen) pürieren.
4. Suppe heiß und mit der restlichen Petersilie bestreut servieren.

Variationen

Soll die Suppe schön grün werden, gegen Ende der Kochzeit mehr frische Kräuter oder frischen Spinat hineingeben, bis sie gerade zusammengefallen sind, dann pürieren. Du kannst etwas Zwiebel durch Lauch ersetzen oder für eine kohlenhydratarme Variante Kartoffeln gegen Blumenkohl tauschen.

RIBWICHES

»Buchstabe für Buchstabe« Staffel 14

Wenn du einen Anfall kriegst, ist es Zeit für ein Ribwich. Für dieses selbst gemachte Sandwich reist du kreuz und quer durchs ganze Land und wirst zum Ribhead.

FÜR 4 PORTIONEN

- 1400 g Kotelettrippchen (1–2 Leiterchen) ohne Silberhaut
- 1 EL grobes Salz
- 2 leicht gehäufte TL hell- oder dunkelbrauner Zucker
- 2 TL edelsüßes oder geräuchertes Paprikapulver
- 1 TL gemahlener Kreuzkümmel
- 1 TL schwarzer Pfeffer aus der Mühle
- 1 TL Knoblauchpulver
- ½ TL Cayennepfeffer
- 180 ml Barbecuesoße
- 4 Baguettebrötchen, aufgeschnitten, leicht geröstet

Toppings

- 12 saure Gurken, in Scheiben geschnitten
- 12 dünne Zwiebelscheiben

1. Den Backofen auf 190 °C Ober-/Unterhitze (Umluft: 170 °C) vorheizen. Ein großes Backblech mit Aluminiumfolie auslegen.
2. Mit einem Messer auf der Unterseite der Rippchen das Fett jeweils in der Mitte der einzelnen Rippen längs einschneiden. Rippchen mit der Knochenseite nach unten auf das vorbereitete Blech legen.
3. Salz, Zucker, Paprikapulver, Kreuzkümmel, Pfeffer, Knoblauchpulver und Cayennepfeffer in eine kleine Schüssel geben. Kotelettrippchen von allen Seiten mit der Gewürzmischung einreiben.
4. Backblech gut mit Aluminiumfolie abdecken. Das Fleisch etwa 2 Stunden im Ofen garen, bis es weich ist und eine Kerntemperatur von mindestens 63 °C aufweist. Folie entfernen und Rippchen ca. 30 Minuten abkühlen lassen, bis man sie gut anfassen kann.
5. Rippchen umdrehen, sodass die Knochenseite nach oben weist. Die Knochen vorsichtig durch den vor dem Backen gesetzten Einschnitt aus dem Fleisch ziehen und entsorgen. Backofen auf Grillstufe stellen.
6. Rippchen in 4 gleich große Stücke teilen. Mit einem Spatel wenden und die Stücke mit 80 ml Barbecuesoße bestreichen. 5 Minuten im Ofen grillen, bis sie schön gebräunt und leicht kross sind.
7. Baguettebrötchen mit der restlichen Barbecuesoße bestreichen und mit Gurken und Zwiebeln (falls du sie verwenden willst – der Geschmack wird dich garantiert nicht stören) belegen. Dann das Fleisch daraufgeben.

KAPITEL 3

SNACKS

Na los, wir gehen in die Cafeteria und holen uns ein paar Snacks! Für den Happen zwischendurch könntest du natürlich zu einer Tüte Chips oder Nüssen und Gummibärchen greifen (am besten alles zusammen!). Wenn du aber nach etwas mit mehr Substanz suchst, das auch für eine Party geeignet ist, wirst du bei den Rezepten in diesem

Kapitel fündig. Für einen originellen Appetizer machst du eine von Marges Crackerplatten oder ein paar von Barts Amerika-Fleischbällchen. Und für einen ganz besonderen Snack baust du dir deinen eigenen Nacho-Hut und füllst ihn mit einem Käse-Dip. Mit diesen Leckerbissen bist du gut vorbereitet, wenn die Snackstunde schlägt.

MARGES PATENTIERTE FRÖHLICHE CRACKERPLATTE

»Homer und gewisse Ängste« Staffel 8

Wenn du es liebst, dass dein Bier kalt ist, dein Fernseher laut und deine Snacks lustig, dann ist Marges patentierte fröhliche Crackerplatte genau richtig. Sie ist perfekt für eine Party, gerade wenn deine Gäste hart arbeiten und hart spielen.

FÜR 4 PORTIONEN

- 1 Packung runde Buttercracker
- 1 Dose Sprühkäse
- 1 kleines Glas grüne, in Scheiben geschnittene Oliven mit Paprika, abgetropft

Auf jeden Cracker mit dem Käse einen lachenden Mund aufsprühen. Mit etwas Paprika jeweils 1 Nase und mit 2 Olivenscheiben die Augen aufsetzen. Cracker auf einer Platte servieren.

Tipps

Wenn du nur ganze Oliven findest, dann diese einfach in Scheiben schneiden und aus der Paprikafüllung kleine Quadrate machen.

Variationen

Für deine individuelle Version der Crackerplatte kannst du auch andere Zutaten nehmen: Tomaten, Karotten, Salatgurken, Paprikaschoten, Radieschen und anderes Gemüse geben, in kleine Quadrate geschnitten, auch gute Nasen und Augen ab. Genauso eignen sich Kapern und Nüsse. Ein halber eingelegter Zwiebelring ergibt ein schönes milchfreies Lächeln. Wenn du kein Fan von Sprühkäse bist, kannst du deinen Lieblingsfrischkäse verwenden.

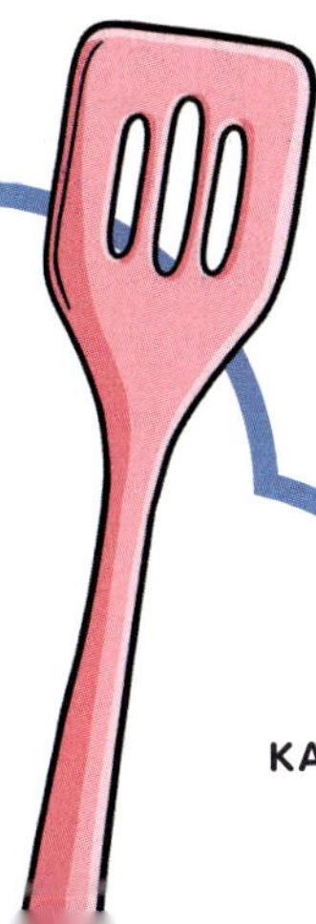

APFELMUSRIEGEL

»König der Berge« Staffel 9

Entfessle die grandiose Kraft der Äpfel! Die Apfelmusriegel geben dir die Energie, die du brauchst, um einen Gipfel zu erklimmen.

FÜR 10 RIEGEL

ca. 170 g ensteinte Datteln
ca. 130 g geröstete ganze Mandeln
80 g Haferflocken
30 g Mandelmehl
½ TL gemahlener Zimt
½ TL Salz
ca. 90 g getrocknete Äpfel, klein geschnitten
3 EL Pflanzenöl
2 EL Apfelmus
1 EL Honig
1 Eiweiß

1. Den Backofen auf 180 °C Ober-/Unterhitze (Umluft: 160 °C) vorheizen. Eine 20 × 20 cm große Backform mit Backpapier auslegen, dabei das Papier etwas überstehen lassen, damit sich die Riegel besser herausheben lassen.
2. Datteln in einen Standmixer geben und pürieren. Die Mandeln zufügen und durch mehrmaliges Betätigen der Intervalltaste grob hacken.
3. Haferflocken, Mandelmehl, Zimt und Salz hinzugeben und wieder mehrmals die Intervalltaste betätigen, um die Haferflocken etwas zu zerkleinern und das Ganze zu mischen.
4. Getrocknete Äpfel, Öl, Apfelmus, Honig und Eiweiß zufügen und durch Betätigen der Intervalltaste vermischen.
5. Das Gemisch in die Form geben und gleichmäßig verstreichen. Ca. 25 Minuten im Ofen backen, bis die Ränder goldbraun sind und die Mitte durchgebacken ist.
6. Teig ca. 10 Minuten in der Form abkühlen lassen. Dann mithilfe des Backpapiers vorsichtig aus der Form heben und zum vollständigen Abkühlen auf ein Kuchengitter setzen (ca. 1 Stunde).
7. Platte mit einem scharfen Messer in 10 Riegel schneiden. In einem luftdicht verschlossenen Behältnis bei Zimmertemperatur bis zu 3 Tage haltbar.

Tipps

Mandeln zum Rösten auf einem Backblech ohne Fett oder Backpapier ausbreiten und ca. 10 Minuten im auf 180 °C Ober-/Unterhitze (Umluft: 160 °C) vorgeheizten Backofen braten.

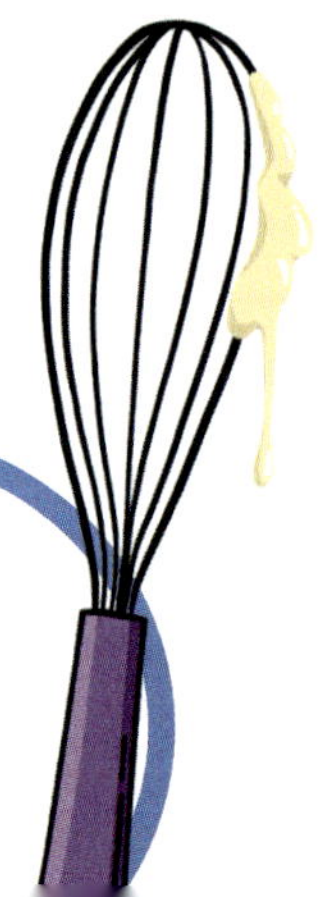

NACHOS NACH FLANDERS' ART

»Bei Simpsons stimmt was nicht!« Staffel 7

Es ist wohl nicht überraschend, dass das Nacho-Rezept von dem Mann, der sein Weißbrot am liebsten in ein Glas mit Wasser tunkt, ziemlich langweilig ist. Aber dass Ned sein Essen eher ohne besonderes Aroma schätzt, muss ja nicht heißen, dass du dieses Rezept nicht aufpeppen kannst. Würz das Ganze nach Belieben oder nimm statt Hüttenkäse ein Topping mit etwas mehr Geschmack.

FÜR 24 »NACHOS«

1 Salatgurke, gewaschen, in 5 mm dicke Scheiben geschnitten
130 g Hüttenkäse
Salz und schwarzer Pfeffer aus der Mühle nach Geschmack

Auf jede Gurkenscheibe 1 Klecks Hüttenkäse geben. Mit Salz und Pfeffer würzen. Sofort allen behüteten, aufgeregten Kindern oder genussfreudigen, unglaublich enttäuschten Kindern servieren.

Tipps

Schneller Thunfischsalat statt Hüttenkäse: Den Thunfisch aus 1 Dose abtropfen lassen und mithilfe einer Gabel in einer Schüssel mit 3 EL Mayonnaise, 1 EL sehr fein gehackter Zwiebel, 1 TL Senf und je einer Prise Salz und Pfeffer verrühren. So viel Mayonnaise wie nötig zugeben, damit eine cremige Paste entsteht.

Variationen

Probier doch mal eine dieser Varianten aus: mit 1 Prise Paprikapulver würzen, mit 1 Spritzer scharfer Soße beträufeln, mit kross gebratenem Bacon belegen, sehr fein gehackte Jalapeños unter den Hüttenkäse mischen oder statt Hüttenkäse Paprikafrischkäse, Thunfisch oder Krabbensalat nehmen (aber verrat das bloß nicht Ned, der könnte in Ohnmacht fallen).

GROSSARTIGE GEBURTSTAGS-POMMES

»Bart verkauft seine Seele« Staffel 7

Das wird ein Fest! Du wirst so begeistert sein, wenn du diese Geburtstags-Pommes probierst, dass du einfach feiern musst.

FÜR 4 PORTIONEN

900 g mehligkochende Kartoffeln, geschält, in ca. 8 mm dicke Stäbchen geschnitten
1 ½ l Rapsöl
Salz nach Geschmack

1. Eine mittelgroße Schüssel zur Hälfte mit kaltem Wasser füllen. Die Kartoffeln hineingeben und im Wasser hin- und herbewegen, um die Stärke auszuspülen. Wasser abgießen und Vorgang zweimal wiederholen. Kartoffeln in einem Sieb gut abtropfen lassen.
2. Die Kartoffeln mit Küchenpapier trocken tupfen, dann in einen großen Topf mit schwerem Boden füllen. Ein großes Backblech mit Küchenpapier auslegen und neben dem Herd bereitstellen.
3. Öl in den Topf gießen, sodass die Kartoffeln 2 ½ cm hoch damit bedeckt sind.
4. Öl auf mittlerer bis hoher Stufe zum Köcheln bringen, dann die Hitze verringern und Pommes 25 Minuten braten, bis sie weich sind (das Öl sollte nur ganz leicht köcheln, sodass wenige Bläschen aufsteigen). Insgesamt ein- oder zweimal umrühren oder wenn die Pommes am Topfboden ansetzen.
5. Die Hitze auf mittlere bis hohe Stufe stellen und Pommes weitere 20 Minuten frittieren, bis sie hellgolden und knusprig sind. Nur umrühren, wenn sie aneinander oder am Topfboden festkleben.
6. Pommes auf dem vorbereiteten Backblech abtropfen lassen, mit Salz würzen und sofort servieren. Iss deine Pommes … Iss sie!

Tipps

Du musst darauf achten, dass die Pommes nur ganz leicht köcheln, und Vorsicht, wenn die Temperatur hochgestellt wird. Sie sollen hell, goldbraun und kross sein, nicht angebrannt. Zu Krusty-Burgern servieren (siehe Seite 39).

GENIESST-UNSERE-SNACKS-PLATTE

»Kampf dem Ehekrieg« Staffel 2

Wenn du eine klassische Party zu Hause veranstaltest, brauchst du unbedingt »Hors Dovres«. Nichts lädt mehr zum Snacken ein als eine Platte mit Sandwichteilchen, mit denen du zum Beispiel »Genießt unsere Snacks« gelegt hast. Und wenn die Party langweilig wird, kannst du das Ganze verändern in: »The Party sucks«.

6 PORTIONEN ALS SANDWICHES ODER 12 PORTIONEN ALS SNACKS

- 12 große Eier, hartgekocht, gepellt
- 3 EL frisch gehackte Petersilie
- 3 EL frisch gehackter Schnittlauch
- 3 EL Mayonnaise
- 1 EL Sour Cream oder Naturjoghurt
- 2 TL amerikanischer brauner Senf oder Dijonsenf
- 1 TL frischer Zitronensaft
- Salz und schwarzer Pfeffer aus der Mühle nach Geschmack

Optional

- 1 TL Mayonnaise oder Milch
- 12 dünne Scheiben weiches Sandwichbrot

1. Eier in eine große Schüssel geben und mit einer Gabel gründlich zerdrücken. Petersilie, Schnittlauch, Mayonnaise, Sour Cream, Senf und Zitronensaft hinzugeben und vermengen. Mit Salz und Pfeffer abschmecken. Wenn du den Eiersalat zu dick findest, gib noch etwas Mayonnaise oder Milch hinzu.
2. Eiersalat gleichmäßig auf 6 Brotscheiben verteilen und jeweils 1 Brotscheibe auflegen.
3. Mit einem scharfen Messer die Rinde von den Sandwiches abschneiden. Jedes Sandwich in 4 lange Rechtecke schneiden. Rechtecke halbieren oder dritteln, mit Zahnstochern feststecken und auf einer großen Platte servieren.

Tipps

Mit einem Dampfkochtopf kannst du Eier sehr gut so hart kochen, dass sie leicht zu pellen sind. Setz das Gestell für den Dämpfkorb ein und fülle so viel Wasser in den Topf, dass es gerade bis an das Gestell heranreicht. Die Eier in den Korb legen (nur 1 Lage) und mit hohem Druck 4 Minuten kochen. Den Druck 5 Minuten lang natürlich absinken und den restlichen Druck entweichen lassen. Die Eier in ein eiskaltes Wasserbad legen und pellen, sobald sie abgekühlt sind. Wenn du »Genießt unsere Snacks« schreiben willst, erhöhst du die Zutatenmengen um 50 Prozent und machst 9 Sandwiches. Rinde entfernen und jedes Sandwich in 4 lange Streifen schneiden. 12 Streifen halbieren und 8 Streifen dritteln. Vielleicht bleiben Stücke übrig.

BOY
OUR
PARTY
SUCKS

DRYYYYYY CRACKERS

»Die Reise nach Knoxville« Staffel 7

Cracker, yeah! Falls du dich je gefragt hast, wie Cracker gesalzen werden, dann mach dir darüber keinen Kopf mehr. Mit diesem Rezept bäckst du Cracker, die sind so lecker, dass da kein Profi rankommt.

FÜR 72 CRACKER

190 g Weizenvollkornmehl
130 g Weizenmehl plus mehr für die Arbeitsfläche
1 TL grobes Salz
1 großes Ei
60 ml plus 1 TL Olivenöl nativ extra
60 ml Wasser

Optionale Toppings

Sesam, Mohn, Leinsaat

1. Das gesamte Mehl und ½ TL Salz in die Schüssel einer Küchenmaschine oder eines Standmixers geben. Ei, 60 ml Öl und Wasser in einer Schüssel vermischen.
2. Bei laufender Küchenmaschine oder laufendem Mixer das Eigemisch langsam zugießen. Gerät ausschalten, den Teig von den Seitenwänden nach unten schieben und weitermixen, bis ein weicher Teig entsteht. Falls nötig, löffelweise etwas mehr Wasser einarbeiten. Der Teig sollte elastisch sein, aber nicht klebrig. Wenn er zu feucht ist, etwas Mehl zufügen.
3. Den Teig zu einer Kugel formen und ein paar Mal mit der Hand durchkneten. In Frischhaltefolie einschlagen und bei Zimmertemperatur 15 Minuten ruhen lassen.
4. Den Backofen auf 190 °C Ober-/Unterhitze (Umluft: 170 °C) vorheizen. 2 große Backbleche mit Backpapier auslegen.
5. Den Teig in 2 gleich große Portionen teilen. Auf einer bemehlten Arbeitsfläche 1 Portion zu einem dünnen Rechteck ausrollen; den Teig dabei immer wieder von der Arbeitsfläche abheben und drehen, damit er nicht festklebt. Den Teig so dünn und gleichmäßig wie möglich ausrollen (etwa 40 cm lang), er sollte aber nicht reißen. Teig vorsichtig auf einem Backblech ausbreiten. Vorgang mit dem restlichen Teig wiederholen.

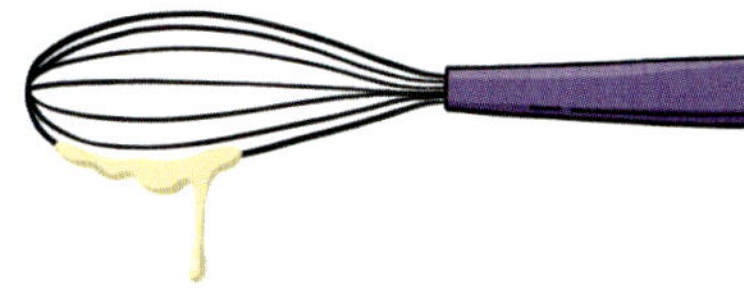

Tipps

Je dünner der Teig ist, desto knuspriger werden die Cracker. Pass beim Backen aber gut auf, dass sie nicht zu dunkel werden.

6. Die beiden Teigplatten mit dem restlichen Öl einpinseln und mit dem restlichen Salz und Toppings nach Wahl bestreuen. Behutsam mit der Teigrolle auf die Oberfläche der Teigplatten drücken und sie so noch etwas dünner machen.
7. Teig mit einer Gabel mehrmals einstechen. Teigplatten mit einem Pizzaschneider oder scharfen Messer in 72 quadratische Cracker schneiden.
8. Teigplatten 15 Minuten im Ofen backen, bis sie goldbraun und kross sind. Wenn beide Bleche gleichzeitig gebacken werden, nach der Hälfte der Zeit einmal die Plätze tauschen. Cracker gut im Auge behalten, denn im Nu wird aus knusprig angebrannt. Cracker auf den Blechen ca. 30 Minuten abkühlen lassen, dann in einem großen luftdicht verschließbaren Behälter bei Zimmertemperatur bis zu 1 Woche aufbewahren.

BARTS AMERIKA-FLEISCHBÄLLCHEN

»Alles Schwindel« Staffel 9

Hmm, jede Menge leckere Fleischbällchen! Mit diesen patriotischen (Hundefutter-freien) Appetithäppchen erinnerst du an Skinners Militärzeit.

FÜR 4 PORTIONEN

Für die Barbecuesoße

180 ml Ketchup
60 ml Apfelessig
2 leicht gehäufte EL hellbrauner Zucker
2 EL Zuckersirup
1 EL Wasser
1 TL scharfer amerikanischer brauner Senf
1 TL Worcestershiresoße
1 TL geräuchertes Paprikapulver
1 TL grobes Salz
½ TL schwarzer Pfeffer aus der Mühle

Für die Fleischbällchen

450 g Hackfleisch vom Rind oder Schwein (oder gemischt)
1 großes Ei
60 g Paniermehl
1 mittelgroße Knoblauchzehe, geschält, sehr fein gehackt
1 TL grobes Salz
1 EL Olivenöl nativ extra

1. Erst die Barbecuesoße zubereiten: Dazu Ketchup, Essig, Zucker, Sirup, Wasser, Senf, Worcestershiresoße, Paprikapulver, Salz und Pfeffer in einen mittelgroßen Topf geben. Auf mittlerer bis hoher Stufe zum Köcheln bringen. Dann die Temperatur reduzieren und Soße unter häufigem Umrühren 15 Minuten köcheln lassen. Währenddessen die Fleischbällchen zubereiten.
2. Hackfleisch, Ei, Paniermehl, Knoblauch und Salz in eine große Schüssel geben. Mit den Händen kurz vermengen. Aus der Masse ca. 2 ½ cm große Fleischbällchen formen.
3. Eine mittelgroße Pfanne auf mittlerer Stufe erhitzen. Wenn sie heiß ist, das Öl hineingeben. Die Fleischbällchen zufügen und in ca. 12 Minuten rundum braun braten.
4. Fleischbällchen in den Topf mit Barbecuesoße geben. Vermengen, sodass sie vollständig mit Soße überzogen sind, und 5 Minuten köcheln lassen, dabei häufig umrühren.
5. Fleischbällchen auf einer großen Platte mit kleinen Amerikaflaggen servieren.

Tipps

Du kannst die Fleischbällchen auch grillen statt braten wie im Rezept Spaghetti mit Fleischbällchen in Moe-Soße beschrieben (siehe Seite 88). Nach 6 Minuten prüfen, ob sie gar sind.

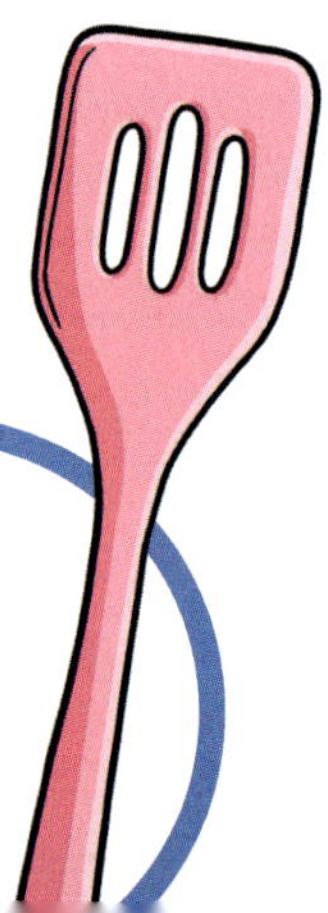

NACHO-HUT

»Homie und Neddie« Staffel 5

Wärst du gern ein Nacho-Mann? Dann brauchst du einen Nacho-Hut. Wenn dein bester Freund Flanders gerade nicht da ist, um dir einen zu kaufen, mach dir zu Hause deinen eigenen essbaren Nacho-Hut.

FÜR 6 PORTIONEN

390 g Mehl plus mehr für die Arbeitsfläche
1 ½ TL feines Salz
5 EL Butter, in Würfeln, Zimmertemperatur
180 ml warmes Wasser
2 EL Pflanzenöl
1 TL grobes Salz
ca. 430 g Käsedip

1. Mehl und Salz in eine große Schüssel geben und vermischen. Butter hinzufügen und mit den Händen die Butter in das Mehl einarbeiten, bis ein krümeliges Gemisch entsteht.
2. In die Mitte des Mehlgemischs eine Vertiefung drücken und Wasser und 1 ½ EL Öl hineingeben. Alles vermischen und zu einem Teig kneten.
3. Teig auf einer bemehlten Arbeitsfläche 5 Minuten kneten, bis eine glatte Kugel entsteht. Wenn der Teig zu trocken ist, mehr Wasser hinzugeben, ist er zu klebrig, mehr Mehl einarbeiten.
4. Teigkugel mit ½ TL Öl einreiben und wieder in die Schüssel setzen. Abdecken und mindestens 30–60 Minuten ruhen lassen.
5. Eine runde Kuchenform (Durchmesser ca. 15 cm) innen und außen mit Alufolie auslegen bzw. umhüllen. Eine 25 cm große, runde Kuchenform mit Alufolie auskleiden (Formen mit 20 und 28 cm Durchmesser sind auch okay). Die kleinere Form mit der Öffnung nach oben in die Mitte der größeren stellen. Das gesamte Ensemble innen und an den inneren Kanten mit mehreren großen Stücken Alufolie komplett auskleiden.

6. Ofen auf 190 °C Ober-/Unterhitze (Umluft: 170 °C) vorheizen. Die Arbeitsfläche leicht bemehlen und den Teig darauf zu einem ca. 7 mm dicken, großen Kreis ausrollen.
7. Den Teig mittig auf die beiden Formen legen. Von der Mitte beginnend den Teig in die Form drücken, dabei aber aufpassen, dass er nicht reißt oder zu dünn wird.
8. Überschüssigen Teig abschneiden und den Rand glätten. Teig mit dem restlichen Öl einstreichen und mit grobem Salz bestreuen. Formen auf ein großes Backblech setzen.
9. Teig 35 Minuten im Ofen backen, bis die oberen Ränder goldbraun sind und die »Hutkrempe« durchgebacken ist. Wenn sich beim Backen irgendwo Blasen bilden, diese mit einer Gabel einstechen und wieder hinunterdrücken. Teig in der Form vollständig abkühlen lassen, mindestens 30 Minuten.
10. Den Ofen auf 200 °C Ober-/Unterhitze (Umluft: 180 °C) stellen. Den erkalteten Hut aus der Form nehmen, wenden und auf das Backblech setzen. Ca. 10 Minuten im Ofen backen, dabei darauf achten, dass er nicht zu braun wird. Auf dem Blech ca. 30 Minuten abkühlen lassen.
11. Käsedip in der Mikrowelle erwärmen und in den Nacho-Hut füllen.

OFFICIAL
PRETZEL
INSPECTOR

MARGES BREZELN

»Marge und das Brezelbacken« Staffel 8

Ob du mit deinem eigenen Brezel-Verkaufswagen an den Start gehen oder sie nur auf das Baseballfeld werfen willst, diese weichen Brezeln sind genau richtig.

FÜR 8 BREZELN

180 ml lauwarmes Wasser
2 TL Zucker
2 TL grobes Salz
1 Päckchen Trockenhefe
390 g Mehl plus mehr für die Arbeitsfläche
2 EL geschmolzene Butter
250 ml kochendes Wasser
2 EL Backsoda
1 großes Eigelb
1 EL zimmerwarmes Wasser
etwas Öl zum Einfetten
etwas Mehl

1. In einer großen Schüssel 125 ml lauwarmes Wasser, Zucker und 1 TL Salz miteinander verrühren. Die Hefe daraufstreuen und 5 Minuten stehen lassen.
2. Mehl und geschmolzene Butter hinzugeben und mit einem Holzlöffel oder dem Handmixer vermischen. Das restliche lauwarme Wasser löffelweise einarbeiten, bis ein weicher, elastischer Teig entsteht.
3. Teig mit den Händen oder dem Mixer 7 Minuten kneten, bis er weich und glatt ist. Falls er zu trocken ist, mit Wasser bespritzen, ist er zu nass, mit Mehl bestäuben. Sobald er schön geschmeidig ist, den Teig in eine große, leicht geölte Schüssel setzen, abdecken und bei Zimmertemperatur ca. 45 Minuten gehen lassen, bis er sein Volumen verdoppelt hat.
4. Den Ofen auf 230 °C Ober-/Unterhitze (Umluft: 210 °C) vorheizen. 2 große Backbleche mit Backpapier auslegen und leicht einfetten.
5. Den Teig auf eine bemehlte Arbeitsfläche geben, in 8 gleich große Stücke teilen und diese 5 Minuten ruhen lassen.

(Fortsetzung ▶)

6. Während der Teig ruht, kochendes Wasser und Backsoda in einer flachen Schale vermischen, dabei so lange rühren, bis das Soda sich größtenteils aufgelöst hat.
7. Ein Teigstück zu einer etwa 2 cm dicken Rolle formen. Die Rolle U-förmig auslegen, die beiden Enden einmal verdrehen und auf die Biegung des Us drücken, sodass eine Brezel entsteht.
8. Jede Brezel in die Backsodalösung legen und Flüssigkeit darüberschöpfen, damit sie komplett damit überzogen ist. Hochheben, abtropfen lassen und auf die vorbereiteten Backbleche legen.
9. Die Brezeln 10 Minuten ruhen lassen. Währenddessen das Eigelb in einer kleinen Schüssel mit dem zimmerwarmen Wasser verquirlen. Die Brezeln damit bestreichen und mit dem restlichen Salz bestreuen.
10. Brezeln 13 Minuten im Ofen backen, bis sie schön goldbraun sind. Nach der Hälfte der Zeit den Platz der Bleche einmal tauschen. Brezeln warm genießen oder nach Whitey Ford werfen.

HOCHZEITSRING-ZWIEBELRINGE

»Blick zurück aufs Eheglück« Staffel 3

Wenn du dir keinen ordentlichen Ehering leisten kannst, sind knusprige Zwiebelringe die nächstbeste Option. Es gibt sie in verschiedenen Größen und passend zu jedem Finger – nur nicht überziehen, wenn sie noch heiß sind.

FÜR 2 PORTIONEN

1 große Gemüsezwiebel, geschält, in Ringe geschnitten, Ringe voneinander gelöst
1 l Rapsöl
65 g Mehl
65 g Maisstärke
¾ TL Backpulver
125 ml leichtes Bier oder Sprudelwasser
Salz nach Geschmack

1. Zwiebelringe in eine große Schüssel geben und mit kochendem Wasser bedecken. 15 Minuten stehen lassen, dann in ein Sieb abgießen und Ringe mit einem Geschirrtuch oder Küchenpapier gut trocken tupfen.
2. Rapsöl 5 cm hoch in einen Bräter oder einen Topf mit schwerem Boden füllen und auf 190 °C erhitzen.
3. Wenn das Öl die Temperatur fast erreicht hat, Mehl, Maisstärke und Backpulver in einer mittelgroßen Schüssel vermischen. Bier zugießen und mit einer Gabel unterrühren. Falls nötig, mehr Bier hinzugeben, bis der Teig so dick ist, dass er an den Zwiebelringen haftet, und so dünn, dass sie ganz damit überzogen sind.
4. Die Hälfte der Zwiebelringe in den Teig legen und behutsam mit Teig überziehen.
5. Wenn das Öl bereit ist, mit einer Gabel Zwiebelringe einzeln herausheben und überschüssigen Teig abtropfen lassen. Ringe nacheinander ins Öl legen und 4 Minuten frittieren, dabei darauf achten, dass sie im Öl nicht übereinander liegen. Vorgang mit den restlichen Ringen und dem restlichen Teig wiederholen. Die Zwiebelringe sind fertig, wenn sie knusprig und goldbraun sind.
6. Ringe zum Abtropfen auf ein mit Küchenpapier ausgelegtes Backblech legen und sofort mit Salz bestreuen. Warm servieren.

KAPITEL 4

ABENDESSEN

Manchmal sind Tiefkühlgerichte einfach nicht das Richtige. Hin und wieder macht es Spaß, sich fürs Abendessen fein zu machen und vom guten Porzellan zu speisen. Versammle also die Familie am Abend um den Tisch und serviere Marges Schweinekoteletts mit Kartoffelbrei, der sich ganz einfach zu einem Zirkuszelt formen

lässt. Oder fordere mit Chief Wiggums Chili, das vor Chilischoten nur so strotzt (brennen wie Feuer), den dir zustehenden Platz als König von Chilitown ein. Wenn du es nicht über dich bringst, deinen Freund, den Hummer Zwicky, zu kochen, dann kannst du mit einem der folgenden Rezepte deinen Heißhunger stillen.

KLEINE KLOPSMÄNNER

»Einmal Washington und zurück« Staffel 3

Wow, kleine Klopsmänner! Leg die Zeitschrift mal für eine Minute beiseite und bereite ein lustiges und schmackhaftes Abendessen zu, das die ganze Familie lieben wird. Sie schmecken wirklich, wirklich, wirklich … gut.

FÜR 4 PORTIONEN

2 TL Olivenöl nativ extra

½ mittelgroße Zwiebel, geschält, fein gewürfelt

½ mittelgroße grüne Paprikaschote, gewaschen, geputzt, fein gewürfelt, plus 1 EL Paprikastreifen zum Garnieren

1 große Knoblauchzehe, geschält, sehr fein gehackt

120 g Champignons, geputzt, fein gewürfelt

1 großes Ei

2 EL Ketchup

2 TL scharfer amerikanischer brauner Senf

1 TL Worcestershiresoße

450 g Rinderhackfleisch

60 g Panko-Paniermehl

25 g geriebener Parmesan

1 TL grobes Salz

½ TL schwarzer Pfeffer aus der Mühle

1 EL gewürfelte eingelegte Pimentos aus dem Glas oder rote Paprikaschote, gewaschen, geputzt, fein gewürfelt

Sonstiges

Fett (z. B. Kochspray) für die Form

1. Den Ofen auf 190 °C Ober-/Unterhitze (Umluft: 170 °C) vorheizen und ein großes Backblech mit Backpapier oder Alufolie auslegen.
2. Eine mittelgroße Pfanne auf mittlerer Stufe erhitzen und das Öl hineingeben. Zwiebel darin 2 Minuten anbraten, dabei ab und zu umrühren. Paprikawürfel und Knoblauch hinzugeben und weitere 3 Minuten braten.
3. Pilze hinzufügen und 4 Minuten braten, bis sie weich sind und die Zwiebel glasig ist. Pfanne vom Herd nehmen und beiseitestellen.
4. In einer großen Schüssel Ei, Ketchup, Senf und Worcestershiresoße verquirlen.
5. Rinderhackfleisch, Paniermehl, Parmesan, Salz, schwarzen Pfeffer und das gebratene Gemüse zum Eigemisch geben und gründlich vermengen.
6. Eine Ausstechform für Figuren innen und außen leicht mit Antihaft-Kochspray besprühen. Die Form auf das Backblech setzen. Mit einem Löffel oder der Hand Hackfleischmasse hineinfüllen und fest in die Form drücken.

(Fortsetzung ►)

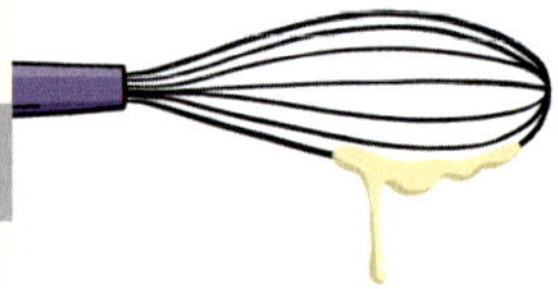

Tipps

Achte darauf, dass das Gemüse in winzig kleine Stückchen geschnitten ist, dann bleiben deine Klopsmänner besser in Form.

7. Zum Abnehmen der Form die Fleischmasse mit einer Hand leicht hinunterdrücken und zugleich mit der anderen Hand vorsichtig die Form hochheben. Vorgang mit der restlichen Fleischmasse wiederholen.
8. Je nach Größe der Ausstechform die Klopsmänner ca. 25 Minuten im Ofen backen, bis sie braun und durchgebacken sind und eine Kerntemperatur von 72 °C aufweisen.
9. Auf dem Backblech 5 Minuten abkühlen lassen.
10. Auf eine große Servierplatte umsetzen. Mit den grünen Paprikastreifen und den Pimentos Münder und Augen bilden. Servieren.

PAUL UND LINDA MCCARTNEYS LINSENSUPPE

»Lisa als Vegetarierin« Staffel 7

Wusstest du das: Wenn du »Maybe I'm Amazed« rückwärts spielst, kannst du ein Rezept für eine wirklich köstliche Linsensuppe hören. Sie ist herzhaft und lecker, perfekt für ein Essen mit deinen vegetarischen (und veganen) Freundinnen und Freunden in einem schattigen Garten.

FÜR 2 PORTIONEN

2 EL Pflanzenöl
1 mittelgroße Zwiebel, geschält, gehackt
130 g Karotten, gewaschen, geputzt, klein geschnitten
2 mittelgroße Stangen Staudensellerie, gewaschen, klein geschnitten
1 mittelgroße Knoblauchzehe, geschält, gehackt
1 EL frisch gehackte Petersilie
Salz und schwarzer Pfeffer aus der Mühle nach Geschmack
100 g grüne oder braune Linsen, verlesen, abgespült, abgetropft
560 ml Gemüsebrühe oder Wasser
1 Lorbeerblatt

1. Einen mittelgroßen Topf auf mittlerer Stufe erhitzen und das Öl hineingeben. Zwiebel, Karotten und Sellerie darin unter gelegentlichem Umrühren braten, bis die Zwiebel größtenteils glasig ist (das dauert ca. 5 Minuten).
2. Knoblauch und Petersilie unterrühren und 1 Minute mitgaren, bis der Knoblauch zu duften beginnt. Mit Salz und Pfeffer würzen. Linsen, Brühe und Lorbeerblatt hinzugeben und auf hoher Stufe zum Kochen bringen.
3. Die Hitze reduzieren, einen Deckel auflegen und Linsen ca. 45 Minuten köcheln lassen, bis sie weich sind.
4. Lorbeerblatt entnehmen und Suppe mit Salz und Pfeffer abschmecken. In mittelgroßen Schalen heiß servieren.

Tipps

Dieses Rezept lässt sich leicht verdoppeln oder sogar verdreifachen und auch Reste schmecken großartig.

Variationen

Probier' für noch mehr Aroma Folgendes: Knoblauchmenge verdoppeln oder verdreifachen. 100 g oder 200 g klein geschnittene Pilze und/oder geräuchertes Paprikapulver mit Knoblauch und Petersilie in die Suppe geben. Nach dem Knoblauch 2 EL Rot- oder Weißwein zufügen und einige Minuten köcheln lassen, bevor die Linsen dazukommen. In den letzten Kochminuten 2 TL Tomatenmark und/oder bis zu 40 g frischen Blattspinat einrühren. Die Suppe zum Schluss mit frischer Petersilie und 1 Spritzer Zitronensaft abrunden oder etwas Rotweinessig hineinträufeln.

TACO-PLATTE

»Der Clown mit der Biedermaske« Staffel 1

Wer eine von Pattys und Selmas Diavorführungen durchstehen muss, hat eine Taco-Platte wirklich verdient. Dieses Gericht ist zwar keine echt mexikanische Spezialität, aber sehr beliebt. Dank der selbst gemachten Soße schmeckt es besser als alle sonst üblichen Tacos.

FÜR 4 PORTIONEN

450 g Rinderhackfleisch
2 TL Chilipulver
½ TL gemahlener Kreuzkümmel
½ TL edelsüßes oder geräuchertes Paprikapulver
¼ TL Knoblauchpulver
¼ TL getrockneter Oregano
1 Prise Cayennepfeffer
Salz und schwarzer Pfeffer aus der Mühle nach Geschmack
2 EL Wasser
12 Tacoschalen

Optionale Toppings

geriebener Cheddar, feine Salatstreifen, gewürfelte Tomaten, Tacosoße oder Chilisoße

1. Fleisch in einer großen antihaftbeschichteten Pfanne auf mittlerer Stufe in ca. 5 Minuten gut durchbraten, dabei die Fleischbrocken mit einer Gabel zerkleinern. Das Fett abgießen und die Pfanne wieder auf den Herd stellen.
2. Chilipulver, Kreuzkümmel, Paprikapulver, Knoblauchpulver, Oregano und Cayennepfeffer hinzugeben und mit Salz und Pfeffer würzen. Wasser einrühren und alles vermischen, bis das Fleisch gründlich mit den Gewürzen überzogen ist. Die Hitze auf niedrige Stufe verringern. Sollte das Rindfleisch trocken werden, noch etwas Wasser hinzugeben.
3. Tacoschalen im Ofen oder in der Mikrowelle nach Packungsanleitung erwärmen.
4. Die Tacoschalen mit dem gewürzten Rindfleisch füllen. Mit Käse, Salat, Tomaten und Soße belegen (falls verwendet) und sofort auf einer Platte servieren.

Tipps

Falls du Vegetarier*in bist, kannst du anstelle des Hackfleischs dein Lieblings-Fleischersatzprodukt wählen. Nimm eventuell auch weniger Wasser, denn Veggie-»Fleisch« weist tendenziell mehr Wasser auf als Fleisch.

SKINNERS VIETNAMESISCHER EINTOPF

»Homers Bowling-Mannschaft« Staffel 7

Wenn du dieses Kokoscurry einmal gekostet hast, verstehst du, warum es Skinner an den Rand des Wahnsinns getrieben hat. Mit Fisch, Gemüse, Krabben und vier Sorten Reis ist es ein wahrlich hochwertiges Gefängnisessen. Nimm unbedingt Madras-Currypulver, um das richtige Aroma zu erhalten.

FÜR 4 PORTIONEN

- 2 mittelgroße Stängel Zitronengras, gewaschen, geputzt, grob zerkleinert
- 2 ½ cm Ingwer, geschält, gehackt
- 1 kleine Zwiebel, geschält, grob gehackt
- 1 große Knoblauchzehe, geschält
- 2 EL Madras-Currypulver
- ¼ TL Salz plus mehr nach Geschmack
- 60 ml Wasser
- 2 EL Pflanzenöl
- 4 große Karotten, geschält, geputzt, in 1 cm dicke Stücke geschnitten
- 250 ml Kokosmilch
- 250 ml Hühnerbrühe oder Wasser
- 6 kleine Köpfe Pak Choi, gewaschen, Enden abgeschnitten, Blätter getrennt
- 1 EL Fischsoße
- 450 g Tilapia-Filets, in 2 ½ cm große Stücke geschnitten
- 450 g Krabben mit Schwanz, geschält, entdarmt
- 2 große Limetten, 1 halbiert und 1 in Spalten geschnitten
- ca. 800 g thailändische Wildreismischung, gekocht, warm

Optional

- frisches Koriandergrün zum Garnieren

1. Zitronengras und Ingwer in eine Küchenmaschine oder einen Mixer geben und hacken. Zwiebel, Knoblauch, Currypulver und Salz hinzufügen. Alles zu einer gelben Paste verarbeiten und dabei bis zu 60 ml Wasser zugießen. Falls nötig, Zutatenreste an den Innenseiten des Mixers nach unten schieben.
2. In einem Topf mit schwerem Boden das Öl auf mittlerer Stufe erhitzen. Zitronengraspaste zugeben und unter Rühren 3 Minuten braten. Karotten zufügen und umrühren.
3. Kokosmilch und Brühe angießen und die Temperatur erhöhen. Wenn die Flüssigkeit zu kochen beginnt, Temperatur wieder verringern. Alles 10 Minuten köcheln lassen.
4. Pak Choi und Fischsoße einrühren. Deckel auflegen und 3 Minuten köcheln lassen, bis das Blattgemüse zusammengefallen ist. Wasser zugeben, falls die Soße zu trocken wird.
5. Tilapia und Krabben salzen und zum Curry geben. Umrühren und kochen, bis sie durchgegart sind (ca. 3 Minuten).
6. Topf vom Herd nehmen und 5 Minuten stehen lassen. Saft von ½ Limette einrühren. Curry kosten und nach Belieben mit Salz sowie Limettensaft würzen. Auf großen Tellern mit Reis servieren und mit Limettenspalten und Koriandergrün garnieren.

Variationen

Für dieses Rezept ist jeder Fisch mit festem, weißem Fleisch gut geeignet. Wenn du keine thailändische Reismischung hast, nimm weißen oder braunen Reis und koch ihn nach Packungsanweisung.

SALAT BRINGT KEINE FREUNDE

»Lisa als Vegetarierin« Staffel 7

Wenn andere dich bei der Conga Line nur veräppeln, könntest du mit diesem aromatischen Salat eigentlich Freunde finden. Eines von Lisas Lieblingsgemüsen steht dabei im Vordergrund (Rote Bete!) und Fleischesser und Vegetarier werden es gleichermaßen mögen.

FÜR 4 PORTIONEN

3 mittelgroße (oder 4 kleine) Rote Beten, geputzt
60 ml plus 1 TL Olivenöl nativ extra
60 ml frisch gepresster Orangensaft
2 TL Apfelessig
1 TL Honig
Salz und schwarzer Pfeffer aus der Mühle nach Geschmack
120 g frischer Rucola oder junger Blattspinat
1 große Avocado, geschält, entkernt, gewürfelt
50 g Fetakäse, zerkrümelt
3 EL geröstete Pistazienkerne

1. Den Backofen auf 220 °C Ober-/Unterhitze (Umluft: 200 °C) vorheizen. Die Roten Beten mit 1 TL Öl einreiben und jeweils fest in Alufolie einwickeln. Auf ein großes, nicht gefettetes Backblech setzen.
2. Die Roten Beten 40 Minuten im Ofen backen, bis man leicht mit einem Messer einstechen kann. Folie vorsichtig entfernen und die Beten ca. 10 Minuten abkühlen lassen.
3. Das restliche Öl, den Orangensaft, den Essig und den Honig in einer Schüssel verquirlen. Mit Salz und Pfeffer würzen.
4. Rucola waschen, abtropfen lassen, in eine große Schüssel geben und mit dem Dressing vermengen.
5. Abgekühlte Rote Bete schälen und klein schneiden. Mit Avocado, Feta und Pistazienkernen unter den Salat heben. Servieren.

Variationen

Nimm statt Pistazien geröstete Walnusskerne. Für ein frisches Zitrusaroma kannst du die Filets von 1 oder 2 Orangen unter den Salat mischen.

MARGES SCHWEINEKOTELETTS

»Das Fernsehen ist an allem schuld« Staffel 2

Auch wenn sie darauf besteht, dass sie nichts Besonderes sind – Marge macht die besten Schweinekoteletts der ganzen Welt. Bonus: Sie dürfen auch im Rahmen der Bigfoot-Diät gegessen werden.

FÜR 4 PORTIONEN

- 1 TL grobes Salz
- ½ TL schwarzer Pfeffer aus der Mühle
- ½ TL getrockneter Rosmarin, zerstoßen
- ½ TL getrockneter Thymian
- ½ TL gemahlene Kurkuma
- ¼ TL getrockneter Majoran
- ¼ TL getrockneter Kerbel oder Petersilie
- 1 Hauch (⅛ TL) Natriumglutamat
- 4 Schweinekoteletts mit Knochen à 240 g
- 1 EL Olivenöl nativ extra

1. Den Backofen auf 190 °C Ober-/Unterhitze (Umluft: 170 °C) vorheizen. Eine große ofenfeste Pfanne auf mittlerer bis hoher Stufe erhitzen.
2. Salz, Pfeffer, Rosmarin, Thymian, Kurkuma, Majoran, Kerbel und Natriumglutamat in einer kleinen Schüssel vermischen. Die Koteletts von beiden Seiten damit einreiben.
3. Sobald die Pfanne heiß ist, das Öl zugeben und die Koteletts nebeneinander hineinsetzen. 4 Minuten braten, bis die Unterseiten gebräunt sind. Fleisch wenden und die Pfanne in den Ofen stellen.
4. Koteletts 10 Minuten im Ofen backen, bis sie an der dicksten Stelle eine Kerntemperatur von 63 °C erreicht haben. Herausnehmen und ca. 5 Minuten ruhen lassen, dann servieren.

Tipps

Wenn deine Koteletts sehr groß und über 400 g schwer sind, dann verdopple die Gewürzmengen. Wenn sie sehr dick sind, kann die Backzeit bis zu 20 Minuten betragen.

Variationen

In diesem Rezept wird Marges Gewürzmischung (plus etwas Salz und Pfeffer) verwendet, du kannst die Mischung aber auch so zusammenstellen, wie du magst. Knoblauchpulver, Zwiebelpulver, Paprikapulver, Chiliflocken und Oregano sind gute Optionen. Wenn es schnell gehen muss, kannst du auch eine fertig gekaufte Gewürzmischung nehmen.

SPAGHETTI MIT FLEISCH-BÄLLCHEN IN MOE-SOSSE

»Bart verkauft seine Seele« Staffel 7

Es ist schwer, sich bei Onkel Moes Familien-Schlemmerecke für ein Gericht zu entscheiden. Von den *Südwester Pizzafingern* bis zu den *Schuldlosen Steakfischfilets* ist alles extrem außergewöhnlich. Wenn du nicht zu sehr damit beschäftigt bist, deine Seele zurückzubekommen, sind diese Spaghetti mit Fleischbällchen in Moe-Soße sicher ganz nach deinem Sinn.

FÜR 4 PORTIONEN

1 TL Olivenöl nativ extra
2 mittelgroße Knoblauchzehen, geschält, sehr fein gehackt, einzeln
800 g ganze Tomaten aus der Dose
1 TL grobes Salz plus mehr nach Geschmack
450 g Hackfleisch (Rind, Schwein, Lamm, Pute, Hähnchen oder eine Mischung)
1 großes Ei
60 g Paniermehl
2 EL geriebener Parmesan plus mehr zum Servieren
2 TL frisch gehackte Petersilie oder Basilikum
1 Prise Chiliflocken
1 TL Salz
etwas Fett zum Einölen
300 g Spaghetti

1. In einem Topf das Öl auf mittlerer Stufe erhitzen. 1 fein gehackte Knoblauchzehe darin 30 Sekunden braten, bis sie zu duften beginnt. Tomaten mit der Flüssigkeit hinzugeben und mit den Händen etwas zerkleinern. Mit Salz abschmecken und Soße köcheln lassen, während die Fleischbällchen zubereitet werden. Dabei ab und zu umrühren.
2. Hackfleisch, Ei, Paniermehl, Parmesan, Petersilie, Chiliflocken, 1 TL Salz und die zweite gehackte Knoblauchzehe in eine große Schüssel geben und mit den Händen kurz vermengen. Aus der Masse ca. 3 cm große Bällchen formen. Es sollten ca. 16 Fleischbällchen sein.
3. Den Backofen auf Grillstufe vorheizen. Ein großes Backblech etwas einölen und die Fleischbällchen daraufsetzen. Bällchen 8 Minuten im Ofen braten, bis sie braun und fest sind, dabei nach der Hälfte der Zeit einmal wenden.
4. Die gegrillten Fleischbällchen in die Tomatensoße geben und auf niedriger Stufe köcheln lassen, bis sie serviert werden können.
5. In einem großen Topf Salzwasser auf hoher Stufe zum Kochen bringen und die Spaghetti darin nach Packungsanleitung al dente kochen. Dann durch ein Sieb abgießen.
6. Die Pasta gleichmäßig auf 4 Teller oder Schalen verteilen. Moe-Soße mit Fleischbällchen und nach Belieben Parmesankäse darüber streuen. Servieren und lächeln!

Tipps

Für extra aromatische Fleischbällchen das Hackfleisch zur Hälfte durch scharfes italienisches Wurstbrät ersetzen. Soll die Soße eher glatt sein, die Tomaten erst pürieren und dann in den Topf geben. Tomatensoße aus dem Glas geht zur Not auch. Wenn du Nahrung nur in Riegel-Form zu dir nimmst, presse deine Portion zu einem Spaghetti-Riegel.

CHIEF WIGGUMS CHILI

»Homers merkwürdiger Chili-Trip« Staffel 8

Möglicherweise wird es schwierig für dich, im Laden die erbarmungslosen guatemaltekischen Pfefferschoten aus Quetzlzacatenango zu finden, nimm dann einfach die schärfsten Chilis, die du bekommen kannst. Aber Achtung! Auch ohne die Irrenanstalt-Pfefferschoten könnte die Schärfe dich auf einen spirituellen Trip schicken.

FÜR 4 PORTIONEN

1 große Poblano-Schote, gewaschen, der Länge nach halbiert, entkernt
2 mittelgroße Jalapeño-Schoten, gewaschen, der Länge nach halbiert, entkernt
12 gemischte kleine scharfe Chilischoten (z. B. Habanero und Serrano), gewaschen, ganz
1 EL Pflanzenöl
1 kleine Zwiebel, geschält, gewürfelt
450 g Rinderhackfleisch
½ mittelgroße Paprikaschote, gewaschen, geputzt, gewürfelt
2 mittelgroße Knoblauchzehen, geschält, sehr fein gehackt
1 gehäufter EL Chilipulver
1 TL gemahlener Kreuzkümmel
Salz und schwarzer Pfeffer aus der Mühle nach Geschmack
240 ml Tomatensoße aus dem Glas
420 g Pintobohnen aus der Dose, abgespült, abgetropft
420 g Kidneybohnen aus der Dose, abgespült, abgetropft

1. Den Backofen auf Grillfunktion stellen. Poblano-, Jalapeño- und die kleinen scharfen Chilischoten mit 1 TL Öl einreiben und auf ein großes, nicht gefettetes Backblech legen.
2. Die Schoten ca. 6 Minuten im Ofen grillen, bis sie rundum leicht schwarz sind, dabei nach der Hälfte der Zeit einmal wenden. Die kleinen Chilis beiseitelegen und Poblano und Jalapeños würfeln.
3. Das restliche Öl in einen großen, schweren Topf geben und auf mittlerer Stufe erhitzen. Dann die Zwiebel darin ca. 3 Minuten braten, bis sie glasig wird.
4. Hackfleisch, Paprikaschote und Knoblauch zugeben. Fleischbrocken mit einer Gabel zerkleinern und alles ca. 5 Minuten braten, bis das Fleisch gar ist. Falls gewünscht, etwas Fett abgießen, sobald das Fleisch gar ist. Poblano und Jalapeños, Chilipulver, Kreuzkümmel, Salz und schwarzen Pfeffer einrühren und 1 Minute mitgaren.

Variationen

Dieses Chili schmeckt mit Putenhackfleisch oder vegetarischem Fleischersatz genauso lecker. Anstelle von Fleisch kannst du auch noch eine dritte Dose Bohnen nehmen.

Tipps

Lass die ganzen Chilischoten weg, dann bekommst du ein milderes Chili, das dich nicht völlig fertigmacht. Soll es ganz mild sein, dann verzichte auch auf die Jalapeños. Für Schärfe, die diesen Namen verdient, die gegrillten kleinen Chilischoten hacken, bevor sie in den Topf kommen. Trag möglichst Handschuhe, wenn du die Chilis und Jalapeños bearbeitest, und stell ein Fenster auf Kipp, um Reizungen in den Augen zu vermeiden.

5. Tomatensoße hinzugeben. Die leeren Dosen einmal mit Wasser füllen und dieses ebenfalls zum Chili gießen. Umrühren und Flüssigkeit zum Kochen bringen. Dann einen Deckel auflegen, die Hitze auf niedrige Stufe reduzieren und Chili 30 Minuten köcheln lassen.
6. Einmal umrühren und Bohnen sowie die ganzen Chilischoten hinzugeben. Den Deckel wieder auflegen und Chili weitere 10 Minuten köcheln lassen. Wenn es zu trocken wird, etwas Wasser einrühren. Mit Salz und Pfeffer abschmecken.
7. In mittelgroßen Schüsseln mit mehreren Humpen Bier servieren. Eine Kerze dazu anzünden.

ZIRKUSZELT AUS KARTOFFELBREI

»Homie, der Clown« Staffel 6

Wenn du merkst, dass du anfängst, aus diesem Kartoffelbrei ein wunderbares Zirkuszelt zu modellieren, dann lass nicht zu, dass deine Familie dir im Weg steht. Geh zum Clowncollege!

FÜR 6 PORTIONEN

1400 g Kartoffeln (festkochende und mehlige Sorten gemischt), geschält, in ca. 2 ½ cm große Würfel geschnitten
60 g Butter, gewürfelt
60 ml Sour Cream
Salz und schwarzer Pfeffer aus der Mühle nach Geschmack

1. Kartoffeln in einen großen Topf geben und so viel Wasser einfüllen, dass sie ca. 2 ½ cm hoch damit bedeckt sind. Wasser zum Kochen bringen und Kartoffeln in ca. 15 Minuten sehr weich kochen.
2. Kartoffeln über einem anderen großen Topf oder einer hitzebeständigen Schüssel durch ein Sieb abgießen und die Flüssigkeit dabei auffangen. Kartoffeln wieder in den ersten Topf füllen. Mit einem Gemüsestampfer gründlich zerdrücken. 60 ml Kochwasser einrühren. Wenn du ein Zirkuszelt machen willst, jetzt aufhören und Kartoffeln stehen lassen, bis sie kalt genug zum Modellieren sind (ca. 20 Minuten).
3. Zum Formen eines Zirkuszelts einen Berg abgekühlten Kartoffelbrei auf einen großen Teller häufen. Den Berg in eine zeltähnliche Form bringen. Wenn die Silhouette grob geformt ist, mit nassen Händen außen glätten und Details hinzufügen.
4. Für heißen, nicht geformten Kartoffelbrei nach dem Stampfen Butter, Sour Cream, Salz und Pfeffer hinzugeben. Zum Schmelzen und Vermischen gut umrühren. Löffelweise etwas Kochwasser einarbeiten, bis die gewünschte Konsistenz erreicht ist. Servieren.

Variationen

Eine geröstete ganze Knoblauchknolle pellen und Knoblauch vor dem Stampfen zu den Kartoffeln geben. Statt Sour Cream Naturjoghurt verwenden.

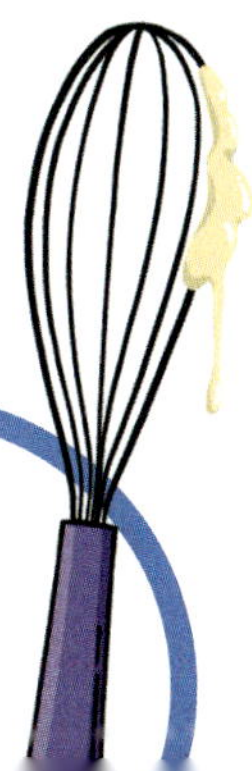

BABYINNEREIEN

»Der unheimliche Vergnügungspark« Staffel 6

Wenn Hirnburger (mit extra Eiter) und Augäpfeleintopf auf der Karte stehen, fällt die Wahl schwer, doch die Babyinnereien (Kalbsschnitzel) in der Taverne *zum Schrei* sind exzellent.

FÜR 4 PORTIONEN

450 g Spaghetti
ca. 650 g Kirschtomaten
125 ml plus 1 EL Olivenöl nativ extra
Salz und schwarzer Pfeffer aus der Mühle nach Geschmack
40 g Mehl
450 g Kalbsschnitzel, falls dicker als 6 mm, dünn geklopft
4 mittelgroße Knoblauchzehen, geschält, sehr fein gehackt
125 ml trockener Weißwein
abgeriebene Schale und Saft von 1 großen Bio-Zitrone
50 g geriebener Parmesan
1 kleine Handvoll frisch gehackte Petersilie
¼ TL Chiliflocken

1. In einem großen Topf Salzwasser zum Kochen bringen. Spaghetti ins kochende Wasser geben und nach Packungsanweisung bissfest garen. Durch ein Sieb abgießen und dabei 250 ml Kochwasser auffangen. Pasta in eine große Schüssel füllen, einen Deckel auflegen und beiseitestellen.
2. Den Backofen auf Grillfunktion stellen. Kirschtomaten waschen, trocken tupfen und in einer mittelgroßen Schüssel mit 1 EL Öl vermengen. Dann auf einem großen, ungefetteten Backblech verteilen. Mit Salz und Pfeffer würzen. Ca. 7 Minuten im Ofen grillen – dabei ein- oder zweimal wenden –, bis die Tomaten aufgeplatzt, aber nicht braun sind.
3. Mehl in eine mittelgroße flache Schale oder auf einen Kuchenteller geben. Mit Salz und Pfeffer vermischen.
4. 60 ml Öl in eine große Pfanne geben und auf mittlerer bis hoher Stufe erhitzen. Kalbsschnitzel salzen und im Mehl wenden, sodass sie vollständig mit Mehl überzogen sind. Überschüssiges Mehl abschütteln.
5. So viele Schnitzel wie möglich nebeneinander in die Pfanne geben und ca. 2 Minuten braten, bis die

Unterseite gebräunt ist. Wenden und in weiteren 2 Minuten fertigbraten (die Kerntemperatur sollte für medium mindestens 72 °C betragen). Schnitzel auf einen großen, mit Küchenpapier ausgelegten Teller legen. Vorgang mit den restlichen Schnitzeln wiederholen.

6. Das restliche Öl in den leeren, trockenen Pasta-Topf geben und auf mittlerer Stufe erhitzen. Den Knoblauch darin ca. 2 Minuten braten, dabei aufpassen, dass er nicht anbrennt. Weißwein zugießen und ca. 3 Minuten kochen, bis der Alkohol verschwunden ist. ⅓ des aufbewahrten Nudelwassers einrühren und wieder ca. 3 Minuten köcheln lassen. Topf vom Herd nehmen.
7. Nudeln in den Topf geben, Zitronensaft und -abrieb, Parmesan, Petersilie und Chiliflocken hinzufügen. Mit Salz und schwarzem Pfeffer würzen und gründlich vermengen; falls nötig, in kleinen Mengen etwas mehr Nudelwasser zugießen, um die Soße flüssiger zu machen.
8. Zum Servieren die Nudeln auf 4 große Teller verteilen. Tomaten und Schnitzel darauf verteilen.

Variationen

Statt der Kalbsschnitzel eignen sich auch Schnitzel aus der Hähnchenbrust, falls dir das lieber ist. Klopf sie vor dem Zubereiten auf eine Dicke von ca. 6 mm.

MARGES GLASIERTER SCHINKEN

»Scheide sich, wer kann« Staffel 8

Wenn es noch ein paar Stunden bis zur Dinnerparty sind, glasier den Schinken noch einmal, sodass er richtig schön glänzt.

FÜR 15 PORTIONEN

4 ½ kg gekochter Schinken am Knochen
350 g hell- oder dunkelbrauner Zucker
170 g Honig
1 EL Apfelessig
1 EL Dijonsenf oder scharfer amerikanischer brauner Senf
1 Prise gemahlene Nelken
1 Prise geriebene Muskatnuss

1. Schinken 1 Stunde bei Zimmertemperatur stehen lassen. Den Backofen auf 160 °C Ober-/Unterhitze (Umluft: 140 °C) vorheizen. Den Ofenrost über einem tiefen Backblech im Ofen einsetzen und ca. 6 mm hoch Wasser in das Blech füllen.
2. Mit einem Messer die Oberseite des Schinkens ca. 6 mm tief rautenförmig einschneiden. Schinken mit der flachen Seite nach unten auf den Rost setzen und mit Alufolie bedecken.
3. Schinken ca. 12 Minuten pro 450 g im Ofen backen, bis die Kerntemperatur 55 °C erreicht (ungefähr 2 Stunden).
4. Zucker, Honig, Essig, Senf, Nelken und Muskatnuss in einer Schüssel vermischen.
5. Schinken aus dem Ofen nehmen und die Temperatur auf 190 °C Ober-/Unterhitze (Umluft: 170 °C) stellen. Schinken mit ⅓ der Zuckerglasur bestreichen.
6. Schinken wieder in den Ofen schieben und ohne Abdeckung 10 Minuten backen. Nochmals mit ⅓ der Glasur einstreichen und weitere 10 Minuten backen. Vorgang mit der restlichen Glasur wiederholen und Schinken backen, bis er schön glänzt und eine Kerntemperatur von mindestens 60 °C erreicht hat (ca. 10–15 Minuten).
7. Schinken 5 Minuten auf einem Schneidebrett abkühlen lassen, dann aufschneiden und servieren.

Tipps

Du kannst auch geräucherten Schinken nehmen.

SANDWICHES MIT THANKSGIVING-RESTEN

»Bart bleibt hart« Staffel 2

Feiertage im Kreis der Familie können anstrengend sein. Doch versuch mal, dem trauten Beisammensein mit dem Genuss dieser Sandwiches noch eine Chance zu geben, auch wenn zu Beginn des Festessens der Tafelaufsatz im Kamin verbrannt ist.

FÜR 4 PORTIONEN

- 300 g Reste von gekochten grünen Bohnen oder Rosenkohl
- 125 ml Rest Bratensoße
- 4 übrig gebliebene Brötchen oder kleine Baguettes
- 125 ml Rest Cranberrysoße
- 560 g Truthahn- oder Putenfleischreste, in Scheiben oder Stücken

1. Grüne Bohnen oder Rosenkohl in eine kleine Pfanne geben und 5 Minuten auf mittlerer Stufe erwärmen.
2. Bratensoße in 30-Sekunden-Intervallen in der Mikrowelle oder in einem kleinen Topf auf dem Herd auf mittlerer bis niedriger Stufe 5 Minuten erwärmen.
3. Brötchen aufschneiden und die Innenseiten jedes Brötchens mit 1 EL Cranberrysoße bestreichen. Die Unterseiten erst mit Fleisch, dann mit dem Gemüse belegen. Jeweils mit 2 EL Bratensoße beträufeln und die Oberseiten der Brötchen auflegen.

Tipps

Für eine schnelle Cranberrysoße 150 g Cranberrys, 70 g Zucker und 60 ml Orangensaft in einen kleinen Topf geben. Auf mittlerer Stufe unter Rühren zum Kochen bringen und so lange köcheln lassen, bis die Cranberrys gerade aufgeplatzt sind (ca. 5 Minuten). Abkühlen lassen und im Kühlschrank bis zur Verwendung kalt stellen. Für eine schnelle Bratensoße 2 EL Butter und 1 gehäuften EL sehr fein gehackte Zwiebel in einen kleinen Topf geben. Auf mittlerer Stufe 5–10 Minuten garen, bis die Zwiebel allmählich braun wird. 2 EL Mehl einrühren und 1 Minute anschwitzen. 250 ml lauwarme Hühnerbrühe zugießen und unter Rühren zum Kochen bringen. Soße ca. 5 Minuten köcheln und eindicken lassen. Mit Salz und Pfeffer abschmecken und servieren.

KAPITEL 5

DESSERT

Mit den Rezepten aus diesem Kapitel kannst du dafür sorgen, dass jeder sein Lieblingsdessert bekommt. Es sind alle wichtigen Varianten enthalten – Fettes, Süßes, leere Kalorien, super Schokoladiges, Cremiges – und du findest für jede Gelegenheit eine passende Nachspeise. Ein Riesenberg Brownies oder ein Karamell-Stockfisch sind für jede Feier ideal und einer Schale fettfreier Milch mit Kräutergeschmack weit überlegen. Wenn dein Herzblatt dafür bekannt ist, Desserts im Nu zu verschlingen (wie Homer), dann bereite ihm einen Extrakuchen zum Kaputtmachen zu. Manche Desserts können sogar beim Fallenstellen und für wissenschaftliche Experimente zum Einsatz kommen (Ergebnisse ohne Gewähr).

LISAS SCHOKO-KIRSCH-TÖRTCHEN FÜR EXPERIMENTE

»Keine Experimente!« Staffel 4

Törtchen, Törtchen! Süße Törtchen für alle! Ob du deinen Bruder piesacken oder einfach dein Mahl mit etwas Süßem beenden möchtest, diese Schoko-Kirsch-Törtchen sind ein paar Stromschläge wert.

FÜR 12 TÖRTCHEN

Für die Törtchen

130 g Mehl
210 g Zucker
60 g Backkakao
1 TL Backpulver
½ TL Backsoda
½ TL Salz
125 ml Vollmilch
60 ml Rapsöl
1 großes Ei, verquirlt
1 ½ TL Vanilleextrakt
125 ml heißer Kaffee
12 Cocktailkirschen, ohne Stiele, abgetropft

Für den Guss

210 g Marshmallowcreme
110 g Butter, Zimmertemperatur
60 g Puderzucker plus mehr zum Andicken
½ TL Mandelextrakt
1 Prise Salz
12 Cocktailkirschen, mit Stielen, abgetropft

Sonstiges

Fett (z. B. Kochspray) für die Form

1. Backofen auf 160 °C Ober-/Unterhitze (Umluft: 140 °C) vorheizen. Ein 12er-Muffinblech mit Papierförmchen bestücken und leicht mit Antihaft-Kochspray besprühen.
2. Für die Törtchen Mehl, Zucker, Kakao, Backpulver, Backsoda und Salz in einer großen Schüssel vermischen.
3. Milch, Öl, Ei und Vanille hinzufügen und mit dem Handmixer gründlich verrühren. Unter ständigem Rühren langsam den heißen Kaffee zugießen. Den Teig 1 Minute aufschlagen. Der Teig ist recht flüssig.
4. Die vorbereiteten Papierförmchen etwas mehr als zur Hälfte mit Teig füllen. Jeweils 1 Cocktailkirsche in die Mitte setzen.
5. Törtchen 20 Minuten im Ofen backen. Ein Zahnstocher sollte nach dem Einstechen beim Herausziehen sauber bleiben, wenn sie fertig sind. Törtchen aus dem Muffinblech heben und vollständig abkühlen lassen (ca. 1 Stunde).
6. Derweil den Guss zubereiten: Marshmallowcreme, Butter, Puderzucker, Mandelextrakt und Salz in eine Schüssel geben. 3 Minuten gründlich zu einer cremigen Masse aufschlagen. Soll die Masse fester werden, mehr Puderzucker einrühren.
7. Törtchen mit Guss garnieren und jeweils mit 1 Kirsche krönen.

Tipps

Törtchen mit Guss sofort servieren oder in einem Behälter im Kühlschrank 1 Tag aufheben. Cupcakes ohne Guss halten sich bis zu 3 Tage.

KÖSTLICHER WACKELPUDDING

»Eine ganz normale Familie« Staffel 1

Punkte bei deinem Chef, indem du farbiges, schleimiges, pampiges Zeug zusammenmixt. Wenn Grün nicht deine Farbe ist, kein Problem – es gibt eine große Bandbreite an Möglichkeiten.

FÜR 6 PORTIONEN

1 ½ Beutel Götterspeisepulver Zitronengeschmack (für 6 Portionen)
kochendes Wasser nach Packungsangabe, dabei knapp ¼ der Flüssigkeit durch kalten Ananassaft ersetzen
60 g Ananasstücke, klein geschnitten
25 g Mini-Marshmallows

Sonstiges

Fett (z. B. Kochspray) für die Form

1. Eine Wackelpuddingform leicht mit Antihaft-Kochspray einfetten.
2. Götterspeisepulver und kochendes Wasser in eine Schüssel geben und ca. 3 Minuten verrühren, bis sich das Pulver vollständig aufgelöst hat.
3. Den gekühlten Ananassaft einrühren. Schüssel in eine größere, zur Hälfte mit Eis und kaltem Wasser gefüllte Schüssel stellen (Eiswasserbad). Masse stehen lassen und gelegentlich umrühren, bis sie anfängt, fest zu werden, und ein lockeres, leicht wackelndes Gelee bildet (ca. 35 Minuten). Die Konsistenz immer wieder überprüfen: Das Gelee muss so dick sein, dass Obst und Marshmallows »in der Schwebe« bleiben können, und flüssig genug, dass sie untergemischt werden können.

(Fortsetzung ►)

Tipps

Wähle eine Dose Ananasstücke im eigenen Saft, dann hast du gleich Obst und Saft für dieses Rezept. Achte darauf, eine Puddingform zu nehmen, die groß genug ist. Wenn du nur eine sehr große Form hast, dann kannst du die Zutatenmengen verdoppeln, musst dem Pudding aber mehr Zeit lassen zum Festwerden.

Variationen

Für roten Wackelpudding nimmst du Götterspeisepulver mit Kirschgeschmack und ersetzt die Ananas durch frische Himbeeren. Für die orangefarbene Version: Pulver mit Orangengeschmack, Orangensaft statt Ananassaft sowie Mandarinen (abgetropft) aus der Dose. Für grünen Wackelpudding wählst du Pulver mit Waldmeistergeschmack.

4. Die zerkleinerten Ananasstückchen und die Marshmallows unterziehen und die Masse in die vorbereitete Puddingform füllen. Die Form ein paar Mal leicht auf die Arbeitsfläche aufstoßen, damit etwaige Luftbläschen entweichen.
5. Pudding im Kühlschrank mindestens 3 Stunden ohne Abdeckung kalt stellen, bis er ganz fest geworden ist.
6. Einen großen Teller mit der Oberseite nach unten auf die Form legen und die Form (mit Teller) schnell umdrehen. Form auf dem Teller stehen lassen. Eine kleine Weile warten, damit der Wackelpudding aus der Form gleiten kann. Löst er sich nicht, die Form einige Sekunden in warmes Wasser tauchen (ohne den Pudding zu benetzen!) und nochmals versuchen.
7. Sofort servieren oder bis zum Verzehr unabgedeckt in den Kühlschrank stellen (bis zu 3 Tage).

MARTINS ROSINENTALER

»Freund oder Feind!« Staffel 5

Du willst dich bei der Lehrerin einschleimen? Mit weichen, süßen und aromatischen Rosinentalern kannst du nichts falsch machen. Die tierischen Helfer des Weihnachtsmannes geben ihnen zwei Like-Pfoten.

FÜR CA. 30 KEKSE

100 g Mehl
1 TL gemahlener Zimt
½ TL Backsoda
¼ TL Salz
110 g Butter, Zimmertemperatur
110 g hellbrauner Zucker
1 großes Ei
1 TL Vanilleextrakt
140 g Haferflocken
160 g Rosinen

1. Mehl, Zimt, Backsoda und Salz in einer kleinen Schüssel vermischen. Beiseitestellen.
2. Butter und Zucker in einer Schüssel mit einem Handmixer ca. 1 Minute lang rühren, bis eine lockere, blassgelbe Masse entsteht. Ei und Vanille hinzugeben und weiterschlagen.
3. Mehlmischung zur Buttermasse geben und kurz vermischen. Haferflocken und Rosinen unterheben. Schüssel abdecken und Teig mindestens 20 Minuten (bis zu 1 Stunde) ruhen lassen.
4. Den Backofen auf 180 °C Ober-/Unterhitze (Umluft: 160 °C) vorheizen. 2 große Backbleche mit Backpapier oder Silikonmatten auslegen.
5. Mit einem Eisportionierer oder einem Löffel aus dem Teig 30 ca. 2 ½ cm große Bällchen formen und mit 5 cm Abstand zueinander auf die vorbereiteten Bleche setzen.
6. Kekse 11–12 Minuten im Ofen backen. Wenn beide Bleche gleichzeitig im Ofen sind, nach der Hälfte der Backzeit die Plätze wechseln. Die Kekse sind fertig, wenn sie an den Rändern hellbraun, in der Mitte aber noch glänzend sind.
7. Kekse 3 Minuten auf den Blechen abkühlen lassen, dann auf ein Kuchengitter umsetzen. Sie halten sich bei Zimmertemperatur bis zu 4 Tage in einem luftdicht verschließbaren Behälter. Von verfressenen Hunden fernhalten.

Variationen

Für Extrasüße eine Hälfte der Rosinen durch Schokotröpfchen ersetzen, für mehr Biss durch gehackte Nüsse.

EXTRAKUCHEN FÜR HOMER ZUM KAPUTTMACHEN

»Liebhaber der Lady B.« Staffel 5

Hey, hey, hey! Hör auf, deinem Kind den Geburtstag zu vermiesen, und iss stattdessen diesen Extrakuchen! Er ist nach dem Zufallsprinzip mit Buchstaben verziert und schmeckt besser, als er aussieht.

FÜR 8 PORTIONEN

Für den Kuchen

1 Backmischung für Sandkuchen
restliche Kuchenzutaten laut Packungsangabe
40 g Backkakao
2 EL Filterkaffee, Zimmertemperatur

Für den Guss

220 g Frischkäse, Zimmertemperatur
110 g Butter, Zimmertemperatur
1 TL Vanilleextrakt
¼ TL Salz
310 g Puderzucker, gesiebt
optional: 80 g Schokoraspel
450 g Fondant in verschiedenen Farben

Sonstiges

Fett (z.B. Kochspray) für die Form

1. Den Kuchenteig in einer Schüssel nach Packungsanweisung zubereiten und den Backofen entsprechend vorheizen. 2 Backformen mit 20 oder 23 cm Durchmesser einfetten.
2. Die Hälfte des Teigs in eine zweite Schüssel geben und mit Kakao und Kaffee verrühren.
3. In beide Formen je 60 ml Schokoteig füllen, dann 60 ml hellen Teig daraufgeben (der Schokoteig wird nach außen gedrückt). Von beiden Teigen im Wechsel je 60 ml Teig in die Formen geben, bis beide Teige aufgebraucht sind.
4. Kuchen nach Packungsanleitung im Ofen backen und anschließend 5 Minuten in den Formen abkühlen lassen. Kuchenböden dann aus den Formen nehmen und auf einem Kuchengitter vollständig erkalten lassen (ca. 1 Stunde).

(Fortsetzung ▸)

Variationen

Du kannst hieraus ganz leicht einen »Happy-Birthday-Maggie«-Kuchen machen. Lass den gesamten Teig hell (Kakaopulver und Kaffee weglassen) und back den Kuchen nach Packungsangabe. Färbe den Guss mit rosa Lebensmittelfarbe ein und verteile ihn großzügig zwischen den beiden Kuchenböden und auf der Torte. Lass einige Tropfen Guss an den Seiten hinunterfließen. Jetzt noch eine Kerze für den 1. Geburtstag und die Buchstaben für die Worte »Happy Birthday Maggie«.

5. Für den Guss: Frischkäse, Butter, Vanille und Salz in eine mittelgroße Schüssel geben und zu einer cremigen, luftigen Masse aufschlagen. Puderzucker zufügen und langsam einarbeiten, dann auf hoher Stufe luftig-locker aufschlagen und gründlich vermischen.
6. Einen erkalteten Kuchenboden auf einen großen Teller oder eine Kuchenplatte mit oder ohne Fuß setzen. Langsam knapp ⅓ des Gusses darauflöffeln und gleichmäßig verteilen. Falls verwendet, Schokoraspel aufstreuen. Den zweiten Boden auflegen. Den restlichen Guss oben und seitlich auf der Torte auftragen und glatt streichen. Beim Verzieren schön entspannen.
7. Farbiges Roll-Fondant nach Packungsanleitung ausbreiten. Mit Buchstabenformen Buchstaben ausstechen oder mithilfe von Pauspapier ausschneiden. Buchstaben auf dem ganzen Kuchen verteilen. Beiseitestellen, damit Homer ihn kaputtmachen kann.

LA BOMBE ECLAIRS

»Homer als Restaurantkritiker« Staffel 11

Diese Rieseneclairs haben zwar keine Million Kalorien und enthalten kein Gift, schmecken aber zum Sterben lecker.

FÜR 8 RIESENECLAIRS

250 ml Wasser
110 g Butter
¼ TL Salz
160 g Mehl
4 große Eier
250 ml Konditorsahne
375 ml fertiger Vanillepudding
80 g Schokotröpfchen, Zartbitter oder Vollmilch

1. Den Backofen auf 220 °C Ober-/Unterhitze (Umluft: 200 °C) vorheizen. Ein großes Backblech mit Backpapier auslegen.
2. Wasser, Butter und Salz in einen mittelgroßen Topf geben und auf mittlerer Stufe erhitzen, bis die Butter geschmolzen ist und das Gemisch sprudelnd kocht.
3. Topf vom Herd nehmen und das Mehl mit einem Holzlöffel kräftig einrühren. Topf wieder auf den Herd stellen und Masse unter Rühren ca. 1 Minute köcheln, bis der Teig am Löffel hängen bleibt.
4. Topf vom Herd nehmen und Teig auf 52 °C abkühlen lassen oder gerade so weit, dass man den Finger ein paar Sekunden in den Teig stecken kann (das dauert 3–10 Minuten, je nach Temperatur in der Küche).
5. Die Eier einzeln hinzugeben und mit einem Handmixer einarbeiten. Wenn alle Eier im Teig sind, noch 1 Minute weiterrühren, sodass ein dicker, klebriger Teig entsteht.
6. Teig in einen großen verschließbaren Gefrierbeutel füllen, die Luft herausdrücken und den Beutel verschließen. Eine Ecke abschneiden und eine 2 ½ cm große Öffnung schaffen.

(Fortsetzung ►)

Tipps

Statt die Füllung in die Eclairs zu spritzen, kannst du sie auch längs aufschneiden und füllen.

7. Aus dem Teig 14 cm lange Stränge auf das Backpapier spritzen, dabei ca. 2 ½ cm Abstand zueinander lassen. Mit angefeuchtetem Finger eventuell vorhandene Spitzen glätten.
8. Eclairs 15 Minuten im Ofen backen, dann die Temperatur auf 180 °C Ober-/Unterhitze (Umluft: 160 °C) verringern. Eclairs weitere 20 Minuten backen, bis sie goldbraun sind. Während des Backens die Ofentür nicht öffnen!
9. Die Eclairs an beiden Enden mit Spießen oder Essstäbchen bis zur Hälfte einstechen (da kommt die Füllung hinein), dann nochmals für ca. 10 Minuten in den Ofen schieben, bis sie beim Draufklopfen hohl klingen. Herausnehmen und vollständig erkalten lassen (ca. 30 Minuten).
10. In einer mittelgroßen Schüssel 125 ml Konditorsahne mit dem Handmixer aufschlagen, bis sich steife Spitzen bilden (ca. 5 Minuten). Den Vanillepudding unterziehen. Füllung in einen großen Spritzbeutel mit Loch- oder Sterntülle füllen. Creme in die Eclairs spritzen.
11. Schokotröpfchen und die restliche Konditorsahne in eine mikrowellengeeignete Schüssel geben und in 30-Sekunden-Intervallen schmelzen (zwischen den Intervallen umrühren). Alternativ in einer Schüssel über dem heißen Wasserbad schmelzen.
12. Die Eclairs mit der Oberseite in die Schokomasse tauchen. Servieren.

TORTE MIT NELKEN UND TOM COLLINS

»Vom Teufel besessen« Staffel 5

Nelken, ein Tom-Collins-Longdrink und ein tiefgekühlter Tortenboden ergeben keine wirklich gute Speise. Selbst Homer würde das nicht essen. Diese zitronige und cremige, mit Gin angereicherte Torte hingegen sehr gerne.

FÜR 8 PERSONEN

1 Packung Tiefkühl-Mürbeteig
420 ml gesüßte Kondensmilch
4 große Eigelbe
125 ml frisch gepresster Zitronensaft
1 gehäufter EL abgeriebene Zitronenschale
250 ml kalte Konditorsahne
2 EL Puderzucker
1–2 EL Gin (nach Geschmack) oder 1 TL Vanilleextrakt
½ TL gemahlene Nelken
2 Zitronenscheiben

1. Den Backofen gemäß der Anweisung auf der Mürbeteigverpackung zum Backen eines Kuchenbodens ohne Füllung vorheizen.
2. Kuchenboden nach Anweisung goldbraun backen. Abkühlen lassen und dann die Ofentemperatur auf 180 °C Ober-/Unterhitze (Umluft: 160 °C) einstellen.
3. Kondensmilch, Eigelbe, Zitronensaft und -schale in einer Schüssel verrühren. Masse gleichmäßig auf dem Kuchenboden verstreichen.
4. Kuchen ca. 10 Minuten im Ofen backen, bis die Füllung fest ist. Sie sollte in der Mitte ganz leicht wackeln, aber nicht flüssig sein. Den Kuchen vollständig abkühlen lassen, dann kühl stellen, bis das Topping fertig ist.
5. Während der Kuchen im Kühlschrank ist, die Konditorsahne in eine Schüssel geben und mit dem Handmixer aufschlagen, dabei löffelweise den Zucker einrieseln lassen. Sahne aufschlagen, bis sich weiche Spitzen bilden, dann den Gin (oder die Vanille) hinzugeben. Weiter ca. 5 Minuten aufschlagen, bis sich feste Spitzen bilden.
6. Geschlagene Sahne auf den Kuchen geben und glatt streichen, sodass er ganz damit bedeckt ist. Mit gemahlenen Nelken bestreuen und mit Zitronenscheiben dekorieren. Bis zum Verzehr kühl stellen (bis zu 1 Tag). Rübergehen zu Mom.

EISTORTE FÜR EINEN BLAUWAL VON FRAU

»Scheide sich, wer kann« Staffel 8

Feiere deine freundlicherweise durch die Staatliche Glücksspielkommission geschlossene Ehe mit einer Eistorte in Walform.

FÜR 12 PORTIONEN

2 l Schokoladeneis, weich
125 ml Schokoladensoße, Zimmertemperatur
240 g knusprige Schokoladenkekse, zerkrümelt
2 l Vanilleeis, vollständig gefroren
240 ml steifgeschlagene Sahne oder cremiges Topping
blaue Lebensmittelfarbe

Optional

1 rundes blaues Bonbon

1. Saubere Kartonpappe zuschneiden: 1 Rechteck à 25 × 35 cm als Boden und 3 Streifen à 35 × 13 cm für die Seiten. Die Streifen quer legen und mit einem Cutter alle 2 ½ cm leicht einschneiden (so kannst du die Walform gut biegen).
2. Auf den Boden den Umriss eines Wals mit einer Länge von rund 30 cm aufzeichnen. Mit Heißkleber oder Klebeband die eingeschnittenen Pappstreifen aufrecht am Boden befestigen, sodass eine Walform entsteht. Streifen so abschneiden wie benötigt und die Nahtstellen mit Kleber oder Klebeband schließen.
3. Walform komplett mit Frischhaltefolie auskleiden. Folie gut in alle Ecken drücken und außen an der Pappe mit Klebeband sichern.
4. Ca. 5 cm hoch Schokoladeneis in die Form füllen, gleichmäßig verstreichen und in alle Ecken und Ränder pressen. Im Tiefkühlfach 2 Stunden gefrieren lassen.
5. Form aus dem Tiefkühlfach nehmen und in einer gleichmäßigen Schicht Schokoladensoße auf dem Eis verteilen. Mit Kekskrümeln belegen. Noch einmal 2 Stunden in das Gefrierfach stellen.
6. Vanilleeis 30 Minuten auf der Arbeitsfläche weich werden lassen. Eine 5 cm dicke Schicht Vanilleeis gleichmäßig auf den Kekskrümeln verteilen und in alle Ecken und Ränder pressen. 3 Stunden gefrieren lassen.

(Fortsetzung ►)

To a
Whale
of a Wife

Tipps

Du kannst diese Eistorte auch in einer 18 – 28 cm oder 23 – 30 cm großen rechteckigen Form zubereiten. Plane viel Zeit für das Gefrieren der Schichten ein. Du kannst die Torte immer länger im Gefrierfach lassen und später weitermachen.

7. In der Zwischenzeit einen kleinen Spritzbeutel mit Lochtülle oder einen verschließbaren Gefrierbeutel (mit einem ca. 3 mm großen Loch an einer Ecke) mit 125 ml Schlagsahne bzw. Topping füllen. Den Rest der Sahne oder des Toppings mit ein paar Tropfen blauer Lebensmittelfarbe babyblau einfärben. Spritzbeutel und Schüssel in den Kühlschrank stellen.
8. Sobald die Torte ganz durchgefroren und fest ist, die Form entfernen und die Torte mithilfe der Frischhaltefolie vorsichtig auf eine große Platte setzen, dann die Folie entfernen. Torte rundum mit blauer Creme überziehen.
9. Mit der weißen Sahne »To a whale of a wife« auf die Torte schreiben. Die Lochtülle gegen eine Sterntülle austauschen oder das Loch im Gefrierbeutel vergrößern und den Rand schön verzieren. Einen lächelnden Mund und ein Auge aufspritzen und (falls verwendet) das blaue Bonbon als Iris einsetzen.
10. Die Torte mindestens 4 Stunden oder über Nacht einfrieren, bevor du sie bei einem First-Class-Hochzeitsempfang servierst.

BARTS SCHOKOLADEN-MARSHMALLOWS

»Das schwarze Schaf« Staffel 7

Wenn du alt genug zum Klauen bist, bist du alt genug, um deine Marshmallows selbst zu machen. Und auch wenn diese heiße Schokoleckerei kein Ersatz für Mutterliebe ist, schmeckt sie trotzdem wahnsinnig gut.

FÜR 16–24 MARSHMALLOWS

250 ml kaltes Wasser
22 g Gelatinepulver
310 g Zucker
250 ml heller Maissirup
1 Prise Salz
60 g plus 2 EL Backkakao
2 TL Vanilleextrakt
2 EL Puderzucker

Sonstiges

Fett (z. B. Kochspray) für die Form

1. Eine quadratische Form (20 × 20 cm oder 23 × 23 cm) mit Backpapier auslegen und Papier und Form mit Antihaft-Kochspray einfetten. Einen Gummispatel einfetten.
2. 125 ml Wasser und die Gelatine in die Schüssel einer Küchenmaschine geben und verrühren (oder in eine Schüssel geben und mit dem Handmixer arbeiten).
3. Das restliche Wasser, Zucker, Maissirup und Salz in einen tiefen, schweren Topf geben. Mischung auf mittlerer Stufe unter Rühren erhitzen, bis sich der Zucker aufgelöst hat. Dann aufhören zu rühren und die Hitze auf mittlere bis hohe Stufe stellen. Das Gemisch auf eine Temperatur von 116 °C (Kochthermometer) bringen. Dann Topf vom Herd nehmen.
4. 60 g Kakao zur Gelatine geben und untermischen. Küchenmaschine auf niedriger Stufe laufen lassen, dann langsam das heiße Zuckergemisch einarbeiten.
5. Wenn das gesamte Zuckergemisch zugegeben ist, Küchenmaschine auf hohe Stufe stellen und Masse 10 Minuten aufschlagen, bis sie glänzend und luftig ist und weiche Spitzen stehen bleiben (mit dem Handmixer dauert es eventuell länger als 10 Minuten). Kurz vor Ende des Mixens Vanille hinzugeben.

(Fortsetzung ►)

Tipps

Du kannst zwar mit dem Handmixer arbeiten, aber eine Küchenmaschine ist sehr zu empfehlen. Die Marshmallows lassen sich bis zu 1 Woche in einem luftdicht verschließbaren Behälter aufbewahren. Leg Back- oder Wachspapier zwischen die Schichten, damit nichts aneinanderklebt.

6. Die Masse in die vorbereitete Form schütten und falls nötig mit dem gefetteten Spatel gleichmäßig verteilen.
7. Den restlichen Kakao und den Puderzucker in eine kleine Schüssel geben und etwa ⅓ dieser Mischung auf die Marshmallowmasse sieben. Den Rest für später aufheben. Marshmallowmasse ohne Abdeckung bei Zimmertemperatur 6 Stunden oder über Nacht stehen lassen und fest werden lassen.
8. Restliche Puderzuckermischung auf eine saubere Arbeitsfläche sieben. Marshmallowplatte auf die Fläche stürzen und das Backpapier abziehen.
9. Eine runde Ausstechform oder ein scharfes Kochmesser einölen und Kreise oder Quadrate ausstechen oder -schneiden. Diese Marshmallows rundum mit Puderzuckergemisch überziehen, damit sie nicht aneinanderkleben. Mit Messer und Gabel essen.

EIN RIESENBERG BROWNIES

»Homer und die Sangesbrüder« Staffel 5

Oh mein Gott! Oh mein Gott! Es ist ein Riesenberg Schokoladenkuchen! Wenn du eine Party veranstaltest, brauchst du viel Nachtisch. Diese saftigen, üppigen Schokoladenbrownies sind sicher ganz schnell weg.

FÜR CA. 30 BROWNIES

330 g Butter
470 g Zucker
6 große Eier, verquirlt
210 g Backkakao
1 EL Vanilleextrakt
260 g Mehl
1 ½ TL Espressopulver
1 ½ TL Backpulver
1 ½ TL Salz
480 g Schokotröpfchen, Zartbitter

Sonstiges

Fett (z. B. Kochspray) für die Form

1. Backofen auf 180 °C Ober-/Unterhitze (Umluft: 160 °C) vorheizen und ein Backblech mit Antihaft-Kochspray einfetten.
2. Butter und Zucker in eine mikrowellengeeignete Schüssel geben. In die Mikrowelle stellen und Mischung in 30-Sekunden-Intervallen (dazwischen umrühren) erwärmen, bis die Butter geschmolzen ist und der Zucker anfängt, zu schmelzen. Alternativ in einem Topf auf mittlerer bis niedriger Hitze unter ständigem Umrühren erwärmen.
3. Eier, Kakaopulver und Vanille in einer großen Schüssel verrühren. Warmes Buttergemisch unter Rühren langsam zugießen und gründlich vermischen.
4. Mehl, Espressopulver, Backpulver und Salz auf das Eiergemisch sieben und mit den Schokotröpfchen unter den Teig heben.
5. Teig auf dem Blech verteilen und 20–28 Minuten auf der mittleren Schiene im Ofen backen. Wenn an einem Zahnstocher, der in der Mitte des Kuchens eingestochen wird, kein Teig haften bleibt, ist der Kuchen fertig.
6. Teig etwa 1 Stunde abkühlen lassen. Danach mindestens 1 Stunde in den Kühlschrank stellen. Vor dem Servieren zu quadratischen Brownies aufschneiden.

Tipps

Wenn du nicht gerade für eine große Gruppe (oder für einen Homer) bäckst, kannst du die Zutatenmengen auch halbieren und die Brownies in einer gefetteten Form (23 – 23 cm oder 20 – 28 cm) zubereiten (28–35 Minuten).

FUSSBODENKUCHEN

»Auf Wildwasserfahrt« Staffel 5

Trainiere auf einen Schlag deine Fertigkeiten im Fallenstellen und im Kuchenbacken. Mit diesem klassischen Kirschkuchen verdienst du dir mit Sicherheit eine Medaille und bringst auch noch einen hungrigen Homer zum Stolpern.

FÜR 8 PORTIONEN

2 Gläser à 720 g ungezuckerte entsteinte Sauerkirschen
210 g plus 2 TL Zucker
40 g Tapiokastärke
1 ½ TL Vanilleextrakt
½ TL Salz
1 Prise geriebene Muskatnuss

Optional

rote Lebensmittelfarbe
2 Mürbeteige (aus der Kühltheke)
1 großes Ei
1 EL Wasser

1. 1 Glas Kirschen in ein Sieb abgießen. Kirschen, das zweite Glas Kirschen mit der enthaltenen Flüssigkeit, 210 g Zucker, Tapiokastärke, Vanille, Salz, Muskatnuss und rote Lebensmittelfarbe (falls verwendet) in einer großen Schüssel verrühren. Beiseitestellen.
2. Backofen auf 220 °C Ober-/Unterhitze (Umluft: 200 °C) vorheizen.
3. Eine gefettete Backform mit 23 cm Durchmesser mit 1 Mürbeteig auskleiden. Kirschfüllung hineingießen. Ei mit Wasser in eine kleine Schüssel geben und verquirlen. Die Teigränder damit bestreichen.
4. Den zweiten Mürbeteig auflegen. Die Teigplatten zusammendrücken und die Ränder entlang der Form zusammenpressen.
5. Kuchenoberseite mit Ei-Wasser-Gemisch bestreichen und mit dem restlichen Zucker bestreuen. Oberseite ein paarmal mit einem Messer einstechen, damit Dampf entweichen kann.
6. Kuchen auf der unteren Schiene im Ofen ca. 45 Minuten backen, bis die Füllung Blasen wirft und der Teigmantel braun ist.
7. Kuchen vor dem Aufschneiden und Servieren vollständig abkühlen lassen (mindestens 3 Stunden).

Tipps

Wenn du gezuckerte Kirschen verwendest, reduziere die Zuckermenge auf 150 g. Du kannst auch gefrorene Sauerkirschen nehmen: 750 g Kirschen in einer Schüssel auftauen lassen. Diese Kirschen plus 180 ml von der Flüssigkeit anstelle der Kirschen aus dem Glas in diesem Rezept verarbeiten.

WEIHNACHTSPLÄTZCHEN »BLUTIGE SPEERSPITZEN«

»Die Lieblings-Unglücksfamilie« Staffel 9

Es braucht nur etwas Glasur, um leckere Weihnachtsbäume in etwas viel Cooleres zu verwandeln: blutige Speerspitzen. Wenn du einige Plätzchen mit grünem Zuckerguss als festliche Weihnachtsbäume gestaltest, hast du eine traditionellere Nascherei.

FÜR ETWA 40 PLÄTZCHEN

300 g Mehl plus mehr für die Arbeitsfläche
1 ½ TL Backpulver
¾ TL Salz
1 ½ TL gemahlener Zimt
1 TL gemahlener Ingwer
¼ TL gemahlene Nelken
¼ TL geriebene Muskatnuss
220 g Butter, Zimmertemperatur
230 g brauner Zucker
50 g weißer Zucker
1 großes Ei
2 EL Zuckersirup
130 g schwarze Glasur
30 g rote Glasur

1. Mehl, Backpulver, Salz, Zimt, Ingwer, Nelken und Muskatnuss in einer Schüssel miteinander mischen. Beiseitestellen.
2. Butter, braunen Zucker und weißen Zucker in eine große Schüssel geben. In 3 Minuten mit dem Handmixer zu einer leichten und luftig-lockeren Masse aufschlagen. Ei und Sirup hinzufügen und weitere 1–2 Minuten aufschlagen, bis eine cremige Masse entsteht.
3. Die Hälfte der trockenen Zutaten zufügen und einrühren, dann den Rest kurz untermischen. Teig abdecken und 1 Stunde im Kühlschrank ruhen lassen.
4. Den Backofen auf 180 °C Ober-/Unterhitze (Umluft: 160 °C) vorheizen und ein großes Backblech mit Backpapier auslegen.
5. Die Hälfte des Teigs aus dem Kühlschrank nehmen und schnell zu einer Kugel formen. Diese auf der bemehlten Arbeitsfläche ca. 6 mm dick rund ausrollen, die Teigoberseite nach Bedarf leicht mit Mehl bestäuben.

(Fortsetzung ▶)

Tipps

Der Teig lässt sich gut bis zu 3 Monate einfrieren. Vor Verwendung im Kühlschrank auftauen lassen.

6. Mit einer Ausstechform Weihnachtsbäume ausstechen, dabei schnell arbeiten, damit der Teig nicht zu warm wird. Plätzchen mit ca. 2 ½ cm Abstand zueinander auf das vorbereitete Backblech setzen. Teigreste zusammenfassen und zum restlichen Teig im Kühlschrank geben.
7. Plätzchen 12 Minuten im Ofen backen, bis sie an den Rändern und an der Unterseite leicht gebräunt sind. Backpapier mit den Plätzchen anheben, vorsichtig auf ein Kuchengitter setzen und Plätzchen vollständig erkalten lassen (das dauert 30 Minuten).
8. Den restlichen Teig ebenso verarbeiten, dabei Teigreste immer wieder in den Kühlschrank legen. Insgesamt ca. 40 Plätzchen backen.
9. Alle Plätzchen abkühlen lassen und dann mit roter und schwarzer Glasur verzieren, sodass sie wie blutige Speere aussehen. Harakiri vortäuschen.

EISBECHER MIT HEISSEM FUDGE UND TEQUILAEIS

»Wenn Mutter streikt« Staffel 3

Stell dir vor, du bist in der Kuranlage »Rancho Relaxo« und bereitest dieses cremige Eis mit dekadentem heißem Fudge-Topping zu. Für eine kinderfreundliche und schnellere Version nimmst du gekauftes Vanilleeis und lässt den Tequila im heißen Fudge weg.

FÜR 6 PORTIONEN

Für das Eis

150 g Zucker
abgeriebene Schale von 2 kleinen Bio-Limetten
590 ml Konditorsahne
160 ml Vollmilch
½ TL Salz
60 ml frisch gepresster Limettensaft
3 EL Tequila

1. Den Behälter einer Eismaschine wie vom Hersteller beschrieben tiefkühlen (normalerweise mindestens 6 Stunden).
2. Zucker und Limettenschale in eine kleine Schüssel geben und gründlich mit den Fingern miteinander vermischen.
3. Konditorsahne, Milch, Salz und das Zuckergemisch in einen mittelgroßen Topf geben, auf mittlerer Stufe und unter Rühren erwärmen, bis das Gemisch zu köcheln beginnt und der Zucker sich auflöst (ca. 5 Minuten). Topf vom Herd nehmen und Mischung in ca. 30 Minuten auf Zimmertemperatur abkühlen lassen.
4. Limettensaft und Tequila einrühren. Masse im Kühlschrank sehr gut durchkühlen lassen (mindestens 3 Stunden, nicht länger als 24 Stunden).
5. Gemisch in die Eismaschine füllen und diese gemäß Anleitung rühren lassen, bis die Masse dickem Softeis ähnelt. Das Eis sofort für Eisbecher verwenden oder in einem luftdicht verschließbaren Behälter im Tiefkühlfach bis zu 1 Woche aufbewahren.

(Fortsetzung ▶)

Tipps

Tequila Reposado verleiht Eis und heißem Fudge das beste Aroma. Wenn es schneller gehen soll, kannst du Fudge einfach kaufen und erwärmen.

Für das Fudge und zum Anrichten des Eisbechers

160 ml Konditorsahne
125 ml heller Maissirup
50 g Zucker
30 g Backkakao
3 EL Butter
¼ TL Salz
160 g Schokotröpfchen, Zartbitter

Optional

1–2 EL Tequila nach Geschmack

Toppings

Schlagsahne
6 Cocktailkirschen

6. Nun das Fudge zubereiten: Konditorsahne, Maissirup, Zucker, Kakao, Butter und Salz in einen kleinen Topf geben. Auf mittlerer Stufe unter Rühren erwärmen, bis alles geschmolzen ist, dann ca. 3 Minuten köcheln lassen.

7. Topf vom Herd nehmen und Schokotröpfchen unterrühren, bis sie geschmolzen sind. Dann den Tequila hinzugeben (falls verwendet) und umrühren. Fudge vor Verwendung ca. 3 Minuten abkühlen und eindicken lassen oder abdecken und im Kühlschrank bis zu 1 Monat aufbewahren und nach Bedarf wieder erwärmen.

8. Zum Servieren je 2–3 Kugeln Eis in 6 mittelgroße Eisbecher geben. Heißes Fudge und Schlagsahne darauf verteilen und jeweils 1 Kirsche daraufsetzen. Im Schaumbad genießen.

MR. BURNS' FEIGENKUCHEN

»Eine Klasse für sich« Staffel 7

Willkommen im Club exklusiver Snobs, wenn du den Nachmittag mit der Zubereitung eines Feigenkuchens verbringst. Mr. Burns hat die Feigen eingelegt, hier hingegen werden sie in Alkohol gekocht, das schmeckt viel besser. Ausgezeichnet.

FÜR 12 PORTIONEN

Für den Kuchen

200 g getrocknete Feigen, klein geschnitten
60 ml Brandy, Spiced Rum (Gewürzrum) oder Wasser
110 g Butter, Zimmertemperatur
150 g hellbrauner Zucker
1 TL abgeriebene Orangenschale
1 TL Backpulver
½ TL Salz
½ TL gemahlener Zimt
¼ TL gemahlene Nelken
2 große Eier, Zimmertemperatur
200 g Mehl
125 ml Vollmilch
100 g gehackte Walnüsse, geröstet
60 ml Orangensaft ohne Fruchtfleisch

1. Zunächst den Kuchen zubereiten: Dafür Feigen und Brandy in eine mikrowellengeeignete Schüssel geben und 1 Minute in die Mikrowelle stellen, bis sie dampfend heiß sind. Alternativ in einem kleinen Topf auf mittlerer Stufe 3 Minuten erwärmen. Feigen dann 30 Minuten stehen lassen, dabei gelegentlich durchrühren.
2. Backofen auf 160 °C Ober-/Unterhitze (Umluft: 140 °C) vorheizen. Eine Kuchenform mit 20 oder 23 cm Durchmesser mit Backpapier auslegen, dabei so viel Papier überstehen lassen, dass man den Kuchen nach dem Backen damit herausheben kann.
3. Butter, Zucker, Orangenschale, Backpulver, Salz, Zimt und Nelken in eine große Schüssel geben und mit dem Handmixer in ca. 3 Minuten cremig aufschlagen.
4. Eier hinzufügen und gut einarbeiten. Die Hälfte des Mehls untermischen. Milch zugießen und verrühren, dann das restliche Mehl zugeben. Mit dem Brandy eingeweichte Feigen und Walnüsse unterziehen.
5. Teig in die vorbereitete Form füllen und gleichmäßig verteilen. Ca. 30 Minuten im Ofen backen. Der Kuchen ist fertig, wenn ein Zahnstocher nach dem Einstechen in der Mitte beim Herausziehen sauber bleibt.
6. Orangensaft auf den Kuchen träufeln. Kuchen vollständig abkühlen lassen (ca. 1 Stunde), dann mit dem Backpapier aus der Form heben und auf eine Kuchenplatte setzen.

(Fortsetzung ▸)

WELCOME
HOMER

Variationen

Nimm dein Lieblingstrockenobst anstelle der Feigen.
Du kannst statt der Walnüsse Pekannüsse untermischen.
Beim Guss kannst du bis zu 1 EL Saft durch Brandy oder Spiced Rum ersetzen.

Für den Guss

250 g plus 1 EL Puderzucker
2 ½ EL Orangensaft ohne Fruchtfleisch
¼ TL Mandelextrakt
rosa und lila Lebensmittelfarbe

7. Für den Guss 250 g Puderzucker, Orangensaft und Mandelextrakt in einer kleinen Schüssel cremig rühren. Wenn der Guss zu dick ist, mehr Saft hinzugeben, ist er zu dünn, mehr Puderzucker einrühren (er sollte so dünn sein, dass man ihn noch gießen kann, aber nicht durchsichtig sein).
8. 2 großzügige EL Guss in eine zweite kleine Schüssel füllen. Die größere Portion rosa einfärben und den Kuchen damit übergießen. Den Guss dabei behutsam bis an die Ränder verteilen.
9. Zur kleinen Menge des weißen Gusses noch bis zu 1 EL Puderzucker hinzugeben, damit er so dick wird, dass man damit schreiben kann. Den Guss lila einfärben und in einen Spritzbeutel mit Lochtülle oder in einen Gefrierbeutel füllen (eine Ecke abschneiden). In gespenstischen Buchstaben »Willkommen Homer« auf den Kuchen schreiben.

KARAMELL-STOCKFISCH

»Neutronenkrieg und Halloween« Staffel 9

Hua, kommt her und hört die Geschichte vom allerersten Halloween ... ich meine vom Karamell-Stockfisch. Statt kleine Kinder zum Fest zu verspeisen, machst du fischförmige Kekse, die in Karamellsoße getaucht werden, zu deiner alljährlichen Tradition.

FÜR CA. 40 KEKSE

320 g Mehl plus mehr für die Arbeitsfläche
1 TL Backpulver
½ TL Salz
220 g Butter, Zimmertemperatur
160 g plus 1 EL Zucker
1 großes Ei
1 ½ TL Vanilleextrakt
rote Lebensmittelfarbe
Karamellsoße zum Dippen

1. Mehl, Backpulver und Salz in eine mittelgroße Schüssel sieben. Beiseitestellen.
2. Butter und 160 g Zucker in eine große Schüssel oder einen Standmixer geben. Mit dem Handmixer oder im Standmixer 3 Minuten rühren, bis die Masse luftig-locker und blassgelb ist. Reste an den Wänden des Gefäßes nach unten schieben. Ei, Vanille und Lebensmittelfarbe hinzugeben und gründlich mischen. Es soll ein leuchtend rotes Buttergemisch sein.
3. Die trockenen Zutaten kurz untermischen. Den Teig in 2 Portionen teilen, zu 2 ½ cm dicken Scheiben formen und jede in Frischhaltefolie einwickeln. Im Kühlschrank 1 Stunde kalt stellen.
4. Den Backofen auf 180 °C Ober-/Unterhitze (Umluft: 160 °C) vorheizen und 2 große Backbleche mit Backpapier oder Silikonmatten auslegen.
5. Eine Arbeitsfläche leicht bemehlen. 1 Teigscheibe auf die Fläche legen und mit Mehl bestäuben. Den Teig ausrollen und dabei nach den ersten Bewegungen Teig im Uhrzeigersinn drehen und einmal wenden, dann 3 mm dünn ausrollen. Falls nötig, mehr Mehl verwenden.

Tipps

Die Karamellsoße von Homers patentierten Raumzeitalter-Außerirdischen-Mondwaffeln (siehe Seite 18) ist ideal zum Dippen.

Variationen

Wenn du den Fisch gern an einem Stiel haben möchtest, nimm ofenfeste Lutscherstiele. Bei den ungebackenen Fischkeksen jeweils 1 Stiel auf das untere Drittel des Kekses legen. Den Stiel mit einem schmalen Teigstreifen abdecken und diesen gut mit dem Keksteig verbinden, um den Stiel zu fixieren. Den Keks mit einem Spatel wenden, auf das Backblech befördern, dann backen.

6. Mit einer Fisch-Ausstechform oder einer Schablone in Fischform Kekse ausstechen bzw. -schneiden. Mit einem Abstand von 2 ½ cm zueinander auf die Backbleche setzen. Die Kekse ca. 9–12 Minuten im Ofen backen, bis sie auf der Unterseite leicht gebräunt sind. Herausnehmen und auf ein Kuchengitter legen.
7. Mit dem restlichen Teig ebenso verfahren. Alle Teigreste zu einer Scheibe formen, einwickeln, kühl stellen und dann weitere Fische ausstechen und backen.
8. Kekse ca. 30 Minuten abkühlen lassen, dann mit Karamellsoße zum Dippen servieren.

KAPITEL 6

GETRÄNKE

Wenn du Durst, aber kein Duff-Bier mehr hast, mix dir mit den Rezepten aus diesem Kapitel ein paar Drinks, wie man es dir in der Barkeeperschule beigebracht hat. Gönn dir einen selbst gemachten Squishee, Krustysteilgelatinierten, milchfreien, zahnfleischfreundlichen Shake oder ein erfrischendes Glas frisch gepresste Zitronenbaum-Limonade.

Homers selbst gemachtes Antidepressivum ist ein schönes Aufputschmittel für dich und deine Partygäste, wenn ihr gerade down seid, und die lila Farbe und der Alkoholgehalt eines Flaming Moe bringen dich sicher in Schwung. Auf den Alkohol! Den Grund und die Lösung aller Probleme.

FLAMING MOE

»Das Erfolgsrezept« Staffel 3

Das Originalrezept für diesen Drink, auch als Flaming Homer bekannt, enthält viel beliebigen Alkohol, Crème de Menthe und Hustensaft mit Traubengeschmack. Diese beiden köstlichen, medizinfreien Versionen sind erfreulich lila, erzeugen eine kleine Flamme und machen dich nicht blind. Das erste Rezept ist eine Variation des Cocktails Cosmopolitan; für eine fruchtigere Version zusätzlich 1 EL Cranberrysaft hinzugeben. Das zweite Rezept nimmt den Traubengeschmack auf, ohne Verwendung von Krustys nicht narkotischem Hustensaft (für Kinder). Mit Tequila zubereitet eine einzigartige Margarita-Version.

FÜR 1 PORTION

Für Flaming Moe #1

60 ml Wodka
30 ml gesüßter Cranberrysaft
1 EL frisch gepresster Limettensaft
Eiswürfel
1 TL Blue Curaçao

Optional

1 EL hochprozentiger Rum
1 kleiner Zweig frische Minze zum Garnieren

1. Wodka, Cranberrysaft und Limettensaft in einen mit Eis gefüllten Cocktailshaker oder ein Glasgefäß mit Deckel geben. Schütteln, bis der Drink sehr kalt ist.
2. Drink in ein gekühltes Cocktailglas abgießen. Blue Curaçao einrühren; falls aus farblichen Gründen gewünscht, noch mehr hinzugeben.
3. Langsam und vorsichtig über einen Löffelrücken den Rum (falls verwendet) zugießen. Sofort mit einem Feuerzeug anzünden. Fang nicht selbst Feuer wie Lenny – leg einen feuerfesten Teller auf das Glas und lass das Feuer ausgehen, bevor du trinkst. Mit Minzezweig garnieren.

(Fortsetzung ▶)

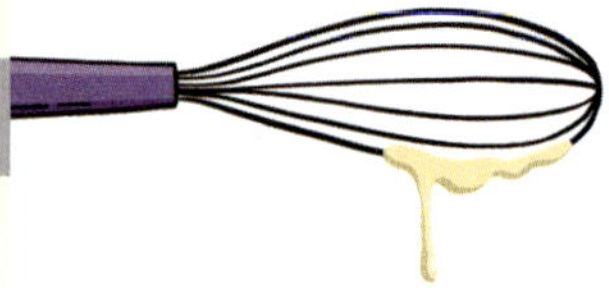

Tipps

Die verschiedenen Blue-Curaçao-Marken können sich in der Farbintensität erheblich unterscheiden. Beginne mit 1 TL und gib falls nötig etwas mehr hinzu, bis ein lila Farbton erreicht ist. Achtung, wenn du zu Hause einen Cocktail anzündest. Sei vorsichtig und überleg, ob du nicht lieber einen Flaming Moe ohne Feuer genießen möchtest.

FÜR 1 PORTION

Für Flaming Moe #2

60 ml Tequila Blanco oder Silver Rum
30 ml roter Traubensaft
1 EL frisch gepresster Limettensaft
½ EL Orangenlikör

Optional

1 TL Blue Curaçao oder 1 kleiner Tropfen blaue Lebensmittelfarbe

Optional

1 EL hochprozentiger Rum
1 kleiner Zweig frische Minze zum Garnieren

1. Tequila, Traubensaft, Limettensaft und Orangenlikör in einen mit Eis gefüllten Cocktailshaker oder ein Glasgefäß mit Deckel geben. Schütteln, bis der Drink sehr kalt ist.
2. Drink in ein gekühltes Cocktailglas abgießen. Falls gewünscht, gerade so viel Blue Curaçao oder Lebensmittelfarbe hinzugeben, dass das Gemisch lila wird.
3. Langsam und vorsichtig über einen Löffelrücken den Rum (falls verwendet) ins Glas gießen. Sofort mit einem Feuerzeug anzünden. Einen feuerfesten Teller auf das Glas legen und das Feuer vor dem Trinken ausgehen lassen. Mit Minzezweig garnieren.

FRUCHTSAFT VON DER BERATUNGSZENTRALE

»Homie und Neddie« Staffel 5

Serviere dieses Getränk von der Fruchtsaftberatungszentrale bei deinem nächsten Picknick. Sie würden dich doch nicht schlecht beraten, wieso sollten sie?

FÜR 4 PORTIONEN

500 ml gesüßter Cranberrysaft
250 ml frisch gepresster Orangensaft
180 ml Ananassaft
2 EL frisch gepresster Limettensaft
360 ml Ginger Ale oder Sprudel

1. Cranberrysaft, Orangensaft, Ananassaft und Limettensaft in einen großen Krug füllen und umrühren. Bis zum Servieren im Kühlschrank kalt stellen.
2. Mit Ginger Ale aufgießen und vorsichtig umrühren. Saft in Gläsern mit Eis servieren. Die Gören sich um Zuckerstangen prügeln lassen.

Tipps

Für eine große Gruppe lässt sich das Rezept leicht verdoppeln, verdreifachen oder sogar vervierfachen.

Variationen

Mach das Ganze tropischer und nimm Mango- statt Orangensaft. Für eine weniger süße Variante 375 ml Cranberrysaft mit 125 ml Wasser mischen und anstelle des gesüßten Cranberrysafts verwenden. Ginger Ale oder Sprudel ganz weglassen für einen blubberfreien Drink. Orangen- oder Ananassaft durch klaren Apfelsaft ersetzen. Du kannst auch fertig gekauften knallroten Fruchtpunsch aufpeppen. Einfach Ananas- und Orangensaft nach Geschmack hinzufügen, umrühren und, falls gewünscht, mit Mineralwasser aufgießen.

SQUISHEES

»Auf Wildwasserfahrt« Staffel 5

Wenn du dringend einen eiskalten Zuckerschub brauchst, ist es normalerweise Zeit für einen Besuch in deinem örtlichen Kwik-E-Mart. Mit diesem Rezept für selbst gemachte Squishees kannst du die Geschmacksrichtungen nach Belieben wählen und jederzeit eine Zucker-Orgie veranstalten.

FÜR 4 PORTIONEN

Rezept für die Eismaschine

1 l kaltes Wasser
210 g Zucker
4,5 g Getränkepulver nach Belieben

1. Den Behälter einer Eismaschine wie vom Hersteller angegeben tiefkühlen (normalerweise mindestens 6 Stunden).
2. Kaltes Wasser, Zucker und Getränkepulver in eine große Schüssel geben und verrühren, bis sich Zucker und Pulver aufgelöst haben.
3. Gemisch in die Eismaschine füllen und ca. 20 Minuten rühren lassen, bis die gewünschte Konsistenz erreicht ist.
4. Sofort in gekühlten Gläsern mit Strohhalmen servieren.

Rezept für den Standmixer

500 ml kaltes Wasser
210 g Zucker
4,5 g Getränkepulver nach Belieben
ca. 560 g Eiswürfel

1. Kaltes Wasser, Zucker und Getränkepulver in einen Mixer geben. Eis hinzufügen und alles zu einer glatten Masse verarbeiten.
2. Sofort in gekühlten Gläsern mit Strohhalmen servieren.

Variationen

Für einen weniger süßen Squishee nur 160 g Zucker nehmen.

Super Squishee:
Trink diese geschmacklich intensive Version nur, wenn du bereit bist für einen starken Zuckerrausch und einen niederschmetternden Kater. Die Wassermenge um die Hälfte reduzieren und 2 idiotisch süße Drinks zubereiten oder die Zuckermenge verdoppeln, dann werden es 4.

SIMPSON UND SOHN REVITALISIERUNGSELIXIER

»Grandpa gegen sexuelles Versagen« Staffel 6

Kommt her, Leute, und holt euch euer Revitalisierungselixier von Simpson und Sohn! Kurbelt mit einer Mixtur aus koffeinhaltigen, energiespendenden Zutaten und aufputschenden Aphrodisiaka die Leidenschaft an! Keine Garantie für die Folgen dieses süßen, würzigen und erfrischenden Tonikums, aber es sorgt für Feuer im Gemäuer!

FÜR 4 PORTIONEN

70 g mittelfein gemahlener Kaffee
1 EL Backkakao
1 Zimtstange, zerstoßen
½ TL Pfefferkörner, zerstoßen
750 ml kochendes Wasser
2 gehäufte EL Honig
750 ml kaltes Mineralwasser (mit Sprudel)

1. Kaffee, Kakao, Zimt und Pfefferkörner in ein hitzebeständiges Gefäß geben. Das kochende Wasser darübergießen und umrühren. Mischung 5 Minuten ziehen lassen.
2. Umrühren und Flüssigkeit durch einen Kaffeefilter in einen Krug abgießen. Honig hinzugeben und umrühren, bis er sich aufgelöst hat. Im Kühlschrank mindestens 1 Stunde kalt werden lassen.
3. Zum Servieren 4 Gläser oder Flaschen zur Hälfte mit der kalten Kaffeemixtur füllen und mit Mineralwasser aufgießen. Behutsam umrühren. Die Kinder mit 50 Piepen ins Kino schicken.

Tipps

Die Kaffeemixtur kann im Kühlschrank bis zu 3 Tage aufbewahrt werden. Vor dem Servieren umrühren oder schütteln und mit Mineralwasser aufgießen. Gib mehr Honig dazu, wenn du Kaffeedrinks besonders süß magst. Das 1:1-Mischungsverhältnis von Kaffee und Mineralwasser ist schön ausgewogen, passe es aber ruhig deinem Geschmack an.

MAISPUNSCH

»Der total verrückte Ned« Staffel 8

Maispunsch ist wahrscheinlich der einzige Artikel, den es bei einem Hurrikan im Kwik-E-Mart noch gibt, aber im Gegensatz zu Rindfleischwürfeln und Aal in Cremesoße schmeckt er sehr gut. Dieses eifreie, süße Maisgetränk ist eine Variante des mittelamerikanischen und mexikanischen Getränks Atole und wärmt dich bei ungemütlichem Wetter.

FÜR 6 PORTIONEN

4 Maiskolben, geschält
125 ml Wasser
1 l Vollmilch
70–100 g Zucker nach Geschmack
1 Zimtstange
1 Prise Salz

Optional

½ TL Vanilleextrakt
gemahlener Zimt zum Garnieren

1. Über einer großen Schüssel die Maiskörner von den Kolben schneiden und mit der stumpfen Seite einer Messerklinge die Flüssigkeit von den Kolben kratzen. 2 Kolben aufheben.
2. Maiskörner und Saft mit dem Wasser in einen Mixer geben und zu einer sehr glatten Masse pürieren.
3. Maisgemisch in einen Topf umfüllen und mit Milch, Zucker, Zimt und Salz verrühren. Dabei mit 70 g Zucker anfangen, dann kosten und nach Belieben mehr Zucker zugeben. Die 2 aufbewahrten Kolben in den Topf legen.
4. Mischung auf mittlerer Stufe und unter vorsichtigem Umrühren zum Kochen bringen, dann die Hitzezufuhr reduzieren, sodass das Ganze leicht köchelt. 20 Minuten köcheln lassen, dabei häufig umrühren, damit die Milch nicht anbrennt.
5. Die Kolben entfernen und Vanille (falls verwendet) einrühren. Als dickflüssigen Drink so servieren, wie er jetzt ist. Für ein leichteres Getränk das Gemisch durch ein feinmaschiges Sieb in 6 Gläser abgießen und dabei die Reste im Sieb mit einem Gummispatel oder einem Holzlöffel gut ausdrücken.
6. Warm und mit Zimt bestäubt servieren.

Variationen

Den Zucker kannst du ganz oder teilweise durch Honig ersetzen, wenn du magst. Mit etwas Eierlikör bekommt das Getränk ein paar Umdrehungen mehr und wird besonders festlich. Oder du gibst 15 ml Rum pro Portion dazu.

HOMERS SELBST GEMACHTES ANTIDEPRESSIVUM

»Die Babysitterin und das Biest« Staffel 6

Wenn du deprimiert bist, dann probiere doch mal eine Eigentherapie mit einer großen Portion von Homers selbst gemachtem Antidepressivum. Es enthält zwar keine medizinischen Wirkstoffe, ist aber ein toller alkoholfreier Partypunsch.

FÜR 20 PORTIONEN

2 l Ginger Ale
1 l Kirschsaft
2 l Vanilleeis, etwas angetaut

Ginger Ale und Kirschsaft in ein großes Punschgefäß füllen. Behutsam umrühren. Löffelweise Vanilleeis einrühren, bis der gewünschte Geschmack erreicht ist. Deprimierten Partygästen servieren.

Tipps

Wenn du nur wenig Gäste bewirten willst, dann rechne 1 kleine Kugel Eis pro Person sowie Ginger Ale und Saft im Verhältnis 2 : 1.

Variationen

Ersetze Ginger Ale durch Ingwer- oder Zitronenlimonade. Mit aromatisiertem Mineralwasser wird der Punsch leichter und nicht so süß. Für den klassischen Erwachsenenpunsch 1 1/2 Flaschen Sekt und 1 l Ginger Ale verwenden. Statt Kirschsaft kannst du gesüßten Cranberry- oder Himbeer-Cranberry-Saft nehmen. Oder Multivitaminsaft mit exotischen Früchten für mehr Süße. Statt Vanilleeis eignet sich auch Fruchtsorbet, zum Beispiel Orange, Beeren oder Ananas, und für eine vegane Version empfiehlt sich Vanilleeis ohne Milch.

Lemonade
25¢

ZITRONENBAUM-LIMONADE

»Auf zum Zitronenbaum« Staffel 6

Du könntest Limonade so zubereiten wie Bart und Milhouse: ein Spritzer Zitrone mit einem Berg Zucker. Wenn du dein Getränk aber nicht kauen willst, dann gib etwas Wasser hinzu. So bekommst du ein erfrischendes Sommergetränk, das millionen mal besser schmeckt als Rübensaft.

FÜR 6 PORTIONEN

250 ml frisch gepresster Zitronensaft
250 g Zucker
1 ½ l kaltes Wasser

Zitronensaft und Zucker in einen Krug oder einen großen Messbecher geben. Umrühren, bis sich der Zucker aufgelöst hat. Das Wasser einrühren und Limonade bis zur Verwendung im Kühlschrank kalt stellen. Sie hält sich bis zu 3 Tage.

Tipps

Dieses Rezept lässt sich einfach auf andere Mengen umrechnen. Behalte einfach das Verhältnis von 1 Teil Saft, 1 Teil Zucker und 6 Teilen Wasser bei.

Variationen

Soll die Limonade nicht so süß sein, dann nimm einfach weniger Zucker. Für Limonade mit Sprudel ersetzt du das Wasser zur Hälfte durch Sprudelwasser, das du direkt vor dem Servieren hinzufügst. Bevorzugst du Limettenlimonade, tauschst du den Zitronensaft ganz oder teilweise gegen Limettensaft aus. Für einen Arnold Palmer mischst du 1 Teil Limonade mit 1 Teil ungesüßtem Eistee. Und für eine Squishee-artige Frozen Lemonade gibst du 1 Teil Saft, 1 Teil Zucker, 2 Teile kaltes Wasser und 6 Teile Eis in einen Standmixer und verarbeitest alles zu einer eiskalten Masse.

WEISSWEINSCHORLE

»Wir fahr'n nach … Vegas« Staffel 10

Man lebt nur einmal, warum also nicht ein paar Weißweinschorlen zischen? Dieses Rezept spart nicht am Wein! Es gibt übrigens viele Varianten des Klassikers, wenn du dich so richtig austoben willst wie Ned in Vegas.

FÜR 1 COCKTAIL

90 ml Weißwein, gekühlt
30 ml Mineralwasser (mit Sprudel)
Eiswürfel
1 Scheibe Zitrone, Limette oder Orange zum Garnieren

Wein und Mineralwasser in ein großes, mit Eis gefülltes Wein- oder Cocktailglas geben. Die Zitronenscheibe einschneiden und am Glasrand feststecken. Ein paar Vegas-typische Fehltritte begehen.

Variationen

Garniere deine Schorle nicht nur mit einer Zitrusfrucht nach Belieben, sondern gib auch 1 oder 2 Spritzer Saft davon für eine fruchtige Note ins Getränk. Rühre 30 ml frisch gepressten Grapefruitsaft ein und garniere das Glas mit einem Stück Grapefruit. Diese Variation schmeckt besonders gut mit einem Wein, der bereits eine leichte Zitrusnote aufweist. Mit 2 oder 3 Spritzern Bitter fügst du dem Ganzen eine aromatische, würzige Note hinzu. Bittergetränke mit Fruchtaroma (Orange, Zitrone oder Grapefruit) passen am besten zu fruchtigen Weinen, Angostura-Bitter hingegen harmoniert gut mit trockenen Weinen mit Kräuternote. Für einen Spritz im italienischen Stil mischst du bis zu 30 ml Campari oder Aperol unter. Du kannst das Mineralwasser auch durch aromatisiertes Sprudelwasser nach Belieben ersetzen. Zitrone, Limette, Grapefruit und Orange eignen sich besonders gut.

KRUSTYS TEILGELATINIERTER, MILCHFREIER, ZAHNFLEISCH-FREUNDLICHER SHAKE

»22 Kurzfilme über Springfield« Staffel 7

Wenn du im Krusty Burger deine Bestellung aufgibst, dann verlange unbedingt auch diesen Shake. Diese selbst gemachte Kokosleckerei ist nicht wirklich zahnfleischfreundlich oder gelatiniert, aber ohne Milch und ein Shake.

FÜR 4 PORTIONEN

400 ml Kokosmilch, gut geschüttelt
400 g Kokoscreme, gut geschüttelt
100 g Zucker
3 EL Agavensirup oder heller Maissirup
¼ TL Salz
1 ½ TL Vanilleextrakt
240 ml einer Milchalternative

Optional

veganer Schokoladensirup oder Erdbeersoße

1. Den Behälter einer Eismaschine wie vom Hersteller angegeben tiefkühlen (normalerweise mindestens 6 Stunden).
2. Kokosmilch, Kokoscreme, Zucker, Agavensirup und Salz in einen Topf geben, auf mittlerer Stufe erhitzen und unter ständigem Rühren zum Köcheln bringen. Ca. 3 Minuten köcheln lassen, bis der Zucker sich aufgelöst hat und ein homogenes Gemisch entsteht.
3. Topf vom Herd nehmen und Mischung auf Zimmertemperatur abkühlen lassen (das dauert ca. 30 Minuten). Vanille einrühren und Masse im Kühlschrank 3 Stunden oder über Nacht kalt stellen.
4. Gemisch in die Eismaschine füllen und gemäß Anleitung zu einer Konsistenz wie dickes Softeis rühren.
5. Für 1 Shake mit dem Eisportionierer 2 Löffel Eiscreme in ein Milchshakeglas geben. Bis zu 60 ml einer Milchalternative zugießen und Schokoladensirup oder Erdbeersoße (falls verwendet) nach Belieben zufügen. Alles zu einer geschmeidigen, cremigen Masse verrühren. Vorgang wiederholen, bis 4 Shakes zubereitet sind. Die Eiscreme kann in einem luftdicht verschließbaren Behälter bis zu 1 Woche eingefroren werden.

Tipps

Wenn du wenig Zeit hast, kaufst du einfach ein teilgelatiniertes, milchfreies, zahnfleischfreundliches Eis nach Belieben.

BARTS MANHATTAN »ERSTE SAHNE«

»Verbrechen lohnt sich nicht« Staffel 3

Niemand mixt einen so guten Manhattan wie Bart, aber du kannst nahe herankommen, wenn du sein Rezept verwendest. Dies ist ein klassischer Drink, den Gangster auf der ganzen Welt lieben, also vermassel ihn besser nicht: Ein dünner, fader Manhattan beschert dir den Todeskuss.

FÜR 1 PORTION

- 45 ml Bourbon oder Rye Whiskey
- 15 ml süßer italienischer Wermut
- 1 Spritzer Angosturabitter
- Eiswürfel
- 1 Cocktail- oder in Brandy eingelegte Kirsche

Bourbon, Wermut und Bitter in einen mit zerstoßenem Eis gefüllten Cocktailshaker oder ein großes Glas füllen und schütteln bzw. rühren, bis der Drink schön kalt ist. In 1 Cocktailglas abgießen und mit Kirsche garnieren.

Tipps

Sei bei Bourbon und Wermut nicht knauserig. Dieser Klassiker besteht aus nur wenigen Zutaten, die Qualität ist also besonders wichtig. Eine normale knallrote Cocktailkirsche tut's natürlich, aber mit einer dunklen, aromatischen Maraschinokirsche wird der Drink noch edler.

Variationen

Statt der Kirsche kannst du zum Garnieren auch eine Spirale aus Orangenschale nehmen. Tausche Bourbon oder Rye Whiskey gegen Blended Scotch aus und mixe einen Rob Roy. Für einen weniger süßen Cocktail – bekannt als »perfekter« Manhattan – ersetzt du den süßen Wermut zur Hälfte durch trockenen Wermut. Wenn du unterschiedliche Bitter verwendest, verändert sich jeweils der Geschmack ein wenig. Die Bitter von Peychaud's und Angostura ähneln sich, doch bei Ersterem kommt die Anisnote mehr zum Tragen. Orangenbitter machen den Cocktail aromatischer und fruchtiger, Schokoladenbitter hingegen unterstreichen die Vanille im Bourbon.

FLANDERS' PLANTER'S PUNCH

»Kampf dem Ehekrieg« Staffel 2

Ned Flanders mixte so einige fiese Drinks, bevor er Abstinenzler wurde. Seine Variante des Planter's Punch hat es mit viel Rum und Bourbon ganz schön in sich. Trink ihn vorsichtig, sonst begehst du am Ende noch ein paar schlimme Party-Peinlichkeiten.

FÜR 1 PORTION

3 Schuss (135 ml) dunkler Rum
1 Schluck (45 ml) Bourbon
1 Handvoll Eiswürfel
1 klitzekleiner Spritzer (30–45 ml) Crème de Cassis nach Geschmack

Optional, aber empfohlen

30 ml frisch gepresster Zitronensaft

Rum, Bourbon, Crème de Cassis und Zitronensaft (falls verwendet) in einen mit Eis gefüllten Cocktailshaker oder ein Gefäß füllen. Dabei mit 30 ml Crème de Cassis beginnen und nach Geschmack mehr zugeben. Schütteln bzw. rühren, bis das Getränk sehr kalt ist, dann in ein mit Eis gefülltes Glas abgießen. Betrink dich so sehr, dass du peinlich bist, und setz einen Lampenschirm auf.

Variationen

Für etwas weniger Schuss den Bourbon weglassen. Wenn du keine Crème de Cassis bekommst, kannst du stattdessen 15–30 ml Grenadine nehmen. Für eine traditionellere und tropischere Variante mixt du 120 ml dunklen Rum, 180 ml Ananassaft, 15 ml Limettensaft und 15 ml Grenadine. Mit Eis gut schütteln, fertig sind 2 großzügige Drinks.

REGISTER

C

D

I

J

K

L

M

N

O

P

Q

R

S

T

U

V

W

Z

ÜBER DIE AUTORIN

Laurel Randolph ist Kochbuchautorin und schon ihr ganzes Leben *Simpsons*-Fan. Sie betreibt den populären Blog und Instagram-Account *The Joy of Cooking Milhouse*, wo sie Gerichte aus der Serie vorstellt. Randolph ist die Autorin von *Das Instant-Pot-Kochbuch – Leichte Rezepte für schnelle und gesunde Mahlzeiten* sowie der nicht auf Deutsch erschienenen Bücher *The Instant Pot® No-Pressure Cookbook: 100 Low-Stress, High-Flavour Recipes* und *Instant Pot® Desserts: Sweet Recipes for Your Electric Pressure Cooker*. Sie hat für zahlreiche Publikationen Rezepte entwickelt, unter anderem für *Food52*, *EatingWell*, *Paste magazine*, *The Spruce*, *Serious Eats*, *Kitchen Table magazine*, *Table Matters*, *Los Angeles magazine* und *Insider*.

Bibliografische Information der Deutschen Nationalbibliothek
Die Deutsche Nationalbibliothek verzeichnet diese Publikation in der Deutschen Nationalbibliografie. Detaillierte bibliografische Daten sind im Internet über http://dnb.d-nb.de abrufbar.

Für Fragen und Anregungen
info@rivaverlag.de

Wichtiger Hinweis
Ausschließlich zum Zweck der besseren Lesbarkeit wurde auf eine genderspezifische Schreibweise sowie eine Mehrfachbezeichnung verzichtet. Alle personenbezogenen Bezeichnungen sind somit geschlechtsneutral zu verstehen.

Dieses Buch ist kein offizielles Lizenzprodukt und wurde weder von Twentieth Century Fox Film Corporation, von seinen Autoren, seine Produzenten noch von weiteren Lizenznehmern autorisiert, genehmigt oder lizenziert.

1. Auflage 2022

Türkenstraße 89
80799 München
Tel.: 089 651285-0
Fax: 089 652096

Die englische Originalausgabe erschien 2021 bei Adams Media unter dem Titel *The Unofficial Simpsons Cookbook*.

Übersetzung: Martina Fischer
Redaktion: Caroline Kazianka
Umschlaggestaltung: Sylvia McArdle; Isabella Dorsch, München
Umschlagabbildungen und Abbildungen: Harper Point Photography
Illustrationen: Priscilla Yuen
Layout: Sylvia McArdle
Satz: inpunkt[w]o, Haiger (www.inpunktwo.de)
Druck: Firmengruppe APPL, aprinta Druck, Wemding
Printed in Germany

ISBN Print 978-3-7423-2090-2
ISBN E-Book (PDF) 978-3-7453-1867-8
ISBN E-Book (EPUB, Mobi) 978-3-7453-1868-5

Wir produzieren nachhaltig
www.m-vg.de

Weitere Informationen zum Verlag finden Sie unter
www.rivaverlag.de
Beachten Sie auch unsere weiteren Verlage unter www.m-vg.de